Comandos y raids

Pere Romanillos

Comandos y raids

HISTORIA BÉLICA

© 2014, Ediciones Robinbook, s. l., Barcelona

Diseño de cubierta: Regina Richling
Ilustración de cubierta: iStockphoto
Realización editorial: ebc, serveis editorials
Maquetación: Montserrat Gómez

ISBN: 978-84-9917-350-4

Depósito legal: B-630-2014

Impreso por Gràfiques Cromo Quatre, c/ Amílcar, 80, 08032 Barcelona

Impreso en España - *Printed in Spain*

*Saldrá del mar una mano de acero que arrebatará
de sus puestos a los centinelas alemanes.*
WINSTON S. CHURCHILL, 1942.

Prólogo

Durante la noche del 14 de julio de 1940, el fuerte oleaje del Atlántico Norte rompía con fuerza contra el casco blindado del *Scimitar*, un viejo destructor S-Class que la Royal Navy había puesto a disposición del Comando n.º 3. En su interior, un reducido grupo de soldados entrenados en operaciones especiales guardaba un denso silencio. Cada uno ahuyentaba la tensión a su manera, acariciando convulsivamente la culata de su subfusil Thompson, repasando el contenido de su mochila o simplemente rezando. Mientras, el teniente coronel John Durnford-Slater repasaba una vez más la misión. El objetivo era desembarcar al sudeste de la isla de Guernsey y lanzar un ataque relámpago de distracción mientras sus compañeros de la Compañía n.º 11 intentaban tomar el control del aeródromo.

Parecía una operación sencilla pero todo empezó a complicarse poco después de la medianoche, cuando la lancha de desembarco topó con una costa rocosa y no pudo acercarse hasta la orilla. Slater fue uno de los primeros en saltar al agua. Hundidos hasta el pecho, los 40 hombres del comando avanzaron sigilosamente amparados por la oscuridad hasta pisar tierra firme en Telegraph Bay. Mientras, la Compañía n.º 11 a cargo del brigadier Ronnie Tod estaba en serios apuros. Dividida en tres comandos, solo uno de ellos pudo finalmente tomar tierra, pero lo hizo en Sark, un pequeño islote al este de Guernsey. El resto de lanchas sufrió graves problemas técnicos y tuvieron que regresar al destructor.

Solos en la operación, el comando se dividió en dos grupos. El primero, comandado por el propio Slater, se dirigió hacia el puesto de ametralladoras alemán que marcaba el informe del Almirantazgo. El resto de la tropa subió por el escarpado acantilado en dirección a una caseta que

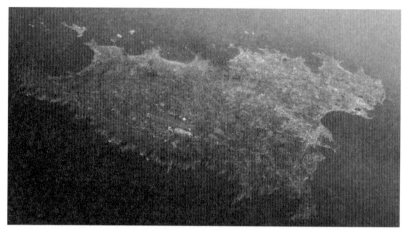

La isla de Guernsey

dominaba toda la zona. Las maschinegewehr 34[1] podían causar serios estragos, así que el comando avanzaba en zigzag esperando que en cualquier momento los alemanes abrieran fuego. Toda la escena permanecía extrañamente en silencio hasta que el grupo pudo acceder al interior del nido. Allí dentro no había nadie. Mientras, en la cima del acantilado ocurría algo parecido. Aquella caseta aparecía marcada como un posible acuartelamiento alemán pero en su interior solo dieron con un asustado anciano.

De regreso a la playa, Slater se mostró intranquilo. No había escuchado ninguna explosión que marcara el inicio del ataque en el aeródromo ni tampoco había rastro del enemigo en toda la costa. Ambos grupos determinaron regresar a las lanchas pero aquello tampoco iba a resultar sencillo. La marea había subido y las embarcaciones se habían alejado considerablemente de la costa. Los soldados tenían que nadar unos 150 metros mar adentro. Pero llegado el momento, resultó que algunos no sabían nadar y fueron abandonados a su suerte en la isla. Finalmente, el mermado comando de Slater fue recogido por el Scimitar, alcanzando el puerto de Dartmouth al amanecer.

1. La MG 34 fue una de las ametralladoras más utilizadas por la infantería alemana durante la Segunda Guerra Mundial. Disparaba cartuchos de 7,92 mm con una cadencia de hasta 900 disparos por minuto. Era muy efectiva como arma defensiva antiaérea y en carros de combate.

Considerada oficialmente como la primera misión de los comandos británicos durante la Segunda Guerra Mundial, la Operación Ambassador se ejecutó el 15 de julio de 1940 y fue un rotundo fracaso. Pero Churchill no estaba dispuesto a dar su brazo a torcer, convencido de que este tipo de operaciones relámpago podía minar las fuerzas alemanas y, de paso, servir como elemento propagandístico para elevar la moral del pueblo británico durante la Segunda Guerra Mundial. Una decisión que finalmente daría excelentes resultados.

1

Sangre, sudor y lágrimas

Un devastador avance

Nunca antes los ejércitos se habían movido con tanta rapidez, incluso sin oposición. Los teóricos siempre han sostenido que solo la infantería puede tomar y mantener posiciones. Pero estos ejércitos no han esperado a la infantería. Rápidas columnas de tanques y camiones blindados se han internado en Polonia mientras las bombas llovían desde el cielo anunciando su llegada. Han cortado las comunicaciones, destruido los víveres, dispersado a la población y extendido el terror. Actuando algunas veces a 30 millas por delante de la infantería y la artillería, han destrozado las defensas polacas antes de que hayan podido organizarse.[1]

El 1 de septiembre de 1939, las tropas de la Wehrmacht[2] alemana iniciaron la invasión de Polonia provocando que el Reino Unido, Australia y Nueva Zelanda declararan la guerra a Alemania, para más adelante unirse Francia, Sudáfrica y Canadá. La Segunda Guerra Mundial aca-

1. *Polish Theatre: Blitzkrieger.* Artículo publicado el 25 de septiembre de 1939 en la revista *Time.*
2. La Fuerza de Defensa o Wehrmacht era el nombre que recibieron las fuerzas armadas unificadas de la Alemania nazi entre los años 1935 y 1945, surgida tras disolverse la Reichswehr o Fuerzas Armadas de la República de Weimar. La Wehrmacht estaba compuesta por el Heer (ejército), la Kriegsmarine (marina de guerra) y la Luftwaffe (fuerza aérea).

baba de empezar. El ataque germano se vertebró en varios frentes y utilizando tácticas militares como la *blitzkrieg*.[3]

El principal ejército, comandado por el general Gerd von Rundstedt, partió desde Eslovaquia y Silesia. Por su parte, un segundo grupo, dirigido por el general Fedor von Bock inició la invasión desde Prusia Oriental y Pomerina. El jefe del Estado Mayor Franz Halder se encargó de coordinar la movilización de 1,5 millones de soldados de infantería, 2.750 tanques, 9.000 cañones y un total de 1.580 aviones, entre los que destacaron especialmente los Junkers Ju 87B-1 (Stuka). Semejante despliegue militar hizo que la llamada «Operación Fall Weiss» lograra su objetivo en apenas un mes y el 6 de octubre de ese mismo año Polonia ya estaba en manos de Hitler.

Tras la victoria, las tropas alemanas se reagruparon, mientras que los ejércitos aliados se mantuvieron a la expectativa de futuros acontecimientos. Durante este período de no agresión directa, conocido popularmente como la drôle de guerre,[4] se sucedieron actos bélicos aislados en el Océano Atlántico, como el hundimiento del acorazado alemán *Admiral Graf Spee* en Montevideo o el abordaje en la neutral Noruega del buque germano *Altmark* por parte de la Royal Navy británica. Este último incidente hizo temer a Hitler que los ingleses adoptaran una posición estratégica en el Atlántico Norte y decidió atacar primero. Bajo el nombre en clave de Operación Weserübung (cruce del Weser), la madrugada del 9 de abril de 1940 seis divisiones del Ejército alemán comandadas por el general Eduard Dietl, apoyadas con 800 aviones de guerra y 250 aeronaves de transporte, entraron en Noruega y se apoderaron rápidamente de Oslo, Kristiansand, Bergen, Trondheim y Narvik. Animado por el éxito de la operación, Hitler ordenó la invasión de la vecina Dinamarca que se rindió sin ofrecer resistencia alguna.

Las tropas alemanas se extendían por el este y el sur de Europa provocando que el primer ministro del Reino Unido, Arthur Neville Cham-

---

3. En alemán, guerra relámpago. Este término se utilizaba para referirse a la táctica militar de ataque muy utilizada por la Wehrmacht que implicaba un bombardeo inicial seguido del uso de fuerzas móviles que atacaban con velocidad y sorpresa.

4. En francés, guerra de broma. Conocida también como guerra falsa o ilusoria, se refiere al período de la Segunda Guerra Mundial que empezó con la declaración de guerra de Francia y Reino Unido contra Alemania, el 3 de septiembre de 1939, y que culminó con la invasión alemana de Francia, Bélgica, los Países Bajos y Luxemburgo, el 10 de mayo de 1940.

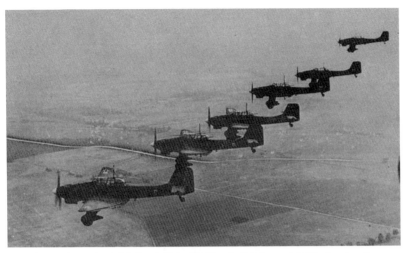

La madrugada del 9 de abril de 1940, seis divisiones del Ejército alemán
penetraron en Noruega.

berlain, dimitiese a favor del Primer Lord del Almirantazgo, Winston
Churchill, que acabaría formando gobierno en mayo de 1940 dejando
para la historia un discurso sencillo y cargado de sinceridad:

> Constituir una Administración de esta escala y complejidad ya es
> una tarea muy seria en sí misma, pero debe recordarse que estamos
> en la fase preliminar de una de las grandes batallas de la historia, que
> estamos actuando en muchos otros puntos en Noruega y en Holan-
> da, que tenemos que estar listos en el Mediterráneo, que la batalla
> aérea es continua y que muchos preparativos, tales como los que han
> sido indicados por mi honorable amigo, deben hacerse aquí y en el
> exterior. Espero que cualquiera de mis amigos y colegas, o ex cole-
> gas, que hayan sido afectados por la reestructuración política, se ha-
> gan cargo y comprendan totalmente la falta de ceremonial con la
> que ha sido necesario actuar. Diré a esta Cámara, tal como le dije a
> aquellos que se han unido a este Gobierno: «No tengo nada que
> ofrecer, sino sangre, sudor y lágrimas».

Tenemos ante nosotros una prueba de la naturaleza más penosa.
Tenemos ante nosotros muchos, muchos largos meses de lucha y de
sufrimiento. ¿Os preguntáis cuál es mi política? Os lo diré: hacer la
guerra por mar, tierra y aire con toda nuestra potencia y con toda

la fuerza que Dios nos pueda dar; hacer la guerra contra una tiranía monstruosa, nunca superada en el oscuro y triste catálogo del crimen humano. Esa es nuestra política. ¿Y cuál es nuestro objetivo? Puedo responderos con una palabra: victoria, victoria a toda costa, victoria a pesar del terror, victoria por largo y duro que sea el camino, porque sin victoria no hay supervivencia. Que quede claro: no habrá supervivencia para el Imperio británico, no habrá supervivencia para todo lo que el Imperio británico ha defendido, no habrá supervivencia para el estímulo y el impulso de todas las generaciones, para que la humanidad avance hacia sus metas.[5]

Platon, el guardián de Dunkerque

En mayo de 1940, Hitler dio orden de empezar a ejecutar el llamado «Plan amarillo», que consistía en atacar Holanda, Bélgica, Francia y Luxemburgo. La Wehrmacht contaba con 136 divisiones, 1.100 aviones de combate, 1.100 bombarderos de vuelo horizontal, 325 bombarderos en picado y 2.700 tanques que iniciaron el temido ataque relámpago sobre Occidente durante la madrugada del 10 de mayo de 1940. El llamado Grupo de Ejércitos B (Heeresgruppe B), compuesto por unos 300.000 soldados y comandado por el general alemán Fedor von Bock, atacó Bélgica y Holanda, capturando puntos estratégicos de Rotterdam y La Haya. Mientras, el Grupo de Ejércitos A (Heeresgruppe A), comandado por el general Gerd von Rundstedt, junto al I Ejército Panzer a las órdenes del general Ewald von Kleist, destruyó al Ejército francés cruzando el bosque de las Ardenas hacia el río Meuse. El 17 de mayo, las fuerzas belgas abandonaron Bruselas y dos días después, las tropas alemanas alcanzaron Abbeville cercando al Ejército aliado y evitando cualquier posibilidad de huida por tierra.

El repliegue de los soldados aliados hacia el interior de Francia era imposible con los blindados de Rundstedt a las puertas de Dunkerque, ya en territorio francés. Inexplicablemente, entre los días 24 y 26 de mayo

---

5. Fragmento del discurso del primer ministro británico Winston Churchill ante la Casa de los Comunes, el 13 de mayo de 1940.

El repliegue de los soldados aliados se realizó hasta las playas de Dunkerque.

de 1940, cuando la situación del Ejército alemán era más ventajosa que nunca, Hitler ordenó que se detuvieran las formaciones blindadas. Los historiadores no se ponen de acuerdo a la hora de dar con los verdaderos motivos que empujaron a Hitler a detener el avance de los carros de combate. Como posibles causas se mencionan la escasez de suministros y munición del Ejército alemán tras una larga ofensiva o la idea de provocar un acuerdo de paz con Gran Bretaña. Pero lo cierto es que esta controvertida decisión aportó a los aliados el tiempo suficiente para atrincherarse y preparar la evacuación por mar de las tropas inglesas, francesas y belgas que allí se hallaban cercadas.

Ordenada por el primer ministro Winston Churchill y dirigida por el comandante en jefe de la Fuerza Expedicionaria Británica (BEF), John Vereker Gort, la Operación Dynamo permitió rescatar a unos 340.000 soldados del Ejército aliado (la mayoría ingleses) atrapados en el cerco alemán. Oficialmente, la mayor evacuación militar de la historia empezó a las 23:30 del 26 de mayo de 1940. Contó con el apoyo de centenares de buques mercantes y embarcaciones civiles de todo tipo que colaboraron en el desalojo de los soldados aliados bajo el incesante fuego de artillería de las baterías alemanas y los bombardeos de la Luftwaffe. Tras el anuncio, barcas de pesca, lanchas motoras, gabarras, remolcadores del Támesis, veleros y embarcaciones de recreo pusieron rumbo a Dunkerque para

Los soldados atrapados en las costas francesas padecieron el incesante bombardeo de los aviones alemanes.

ofrecer su auxilio a las tropas aliadas.

Uno de los héroes de la operación fue, sin duda, el contralmirante de las flotas de Dunkerque, Calais y Boulogne, Charles Platon. Bajo el incesante bombardeo de los alemanes, coordinó con inteligencia y sangre fría la evacuación de hasta dos tercios de los soldados atrapados en las costas francesas que en total ascendían a 170.000 franceses y 250.000 británicos. Un papel fundamental en el éxito de la operación corrió a cargo de los 56 destructores que se ocuparon de rechazar los constantes ataques aéreos de la aviación alemana en los 80 kilómetros del frente. Finalmente, el 4 de junio de 1940, el Almirantazgo dio por concluida la retirada de Dunkerque abandonando en tierra francesa miles de vehículos, toneladas de suministros, munición, combustible y a varios miles de soldados que no pudieron ser rescatados y que pasaron el resto de la guerra en cautividad.

Ese mismo día, Churchill proclamó ante la Cámara de los Comunes su intención de seguir la lucha contra los invasores alemanes además de solicitar ayuda a Estados Unidos que, de momento, se mantenía al margen de la contienda:

Por más que grandes extensiones de Europa y muchos Estados antiguos y famosos hayan caído o puedan caer en poder de la Gestapo y de todo el espantoso aparato del régimen nazi, no vamos a flaquear ni a fracasar sino que seguiremos hasta el final. Combatiremos en Francia, combatiremos en los mares y los océanos, combatiremos cada vez con mayor confianza y fuerza en el aire; defenderemos nuestra isla a cualquier precio. Combatiremos en las playas, en los lugares de desembarco, en los campos y en las calles; combatiremos en las montañas; no nos rendiremos jamás; y por más que esta isla o buena parte de ella quede dominada y hambrienta, algo que de momento no creo que ocurra, nuestro imperio de ultramar, armado y protegido por la Flota británica, continuará la lucha hasta que, cuando Dios quiera, el Nuevo Mundo, con todo su poder y su fuerza, dé un paso al frente para rescatar y liberar al Viejo.

Rundstedt y Rommel, un efectivo tándem

En primavera de 1940, la situación del Ejército aliado era muy delicada. Gravedad que se agudizó cuando el 10 de junio, el gobierno italiano se declaró en guerra contra el Reino Unido y Francia, uniendo sus fuerzas a las tropas de Hitler.

Mientras, el Grupo de Ejércitos A avanzaba por territorio galo hacia el sur. Ante la poderosísima fuerza del Ejército alemán, las tropas francesas comandadas por el general galo Maxime Weygand intentaban detener la invasión distribuyendo de forma estática sus mermadas dotaciones a lo largo del frente situado entre los ríos Somme y Aisne.

Para hacer frente al envite de los Panzer alemanes, Weygand ordenó la construcción de «erizos», posiciones defensivas diseminadas por toda

Erwin Rommel estaba al frente de la 7.ª División Panzer, apodada la «División Fantasma».

la franja francesa dotadas de cañones de 75 mm. Inicialmente, el plan pareció funcionar y mantuvo a raya el avance alemán. Pero poco a poco la contención francesa se fue desintegrando, en gran parte debido a las tácticas de ataque del mariscal de campo Erwin Rommel al frente de la 7.ª División Panzer, apodada la «División Fantasma» por su rapidez y autonomía de movimientos, en la línea de la guerra relámpago.

Creada el 18 de octubre de 1939 utilizando como base la 2.ª División Ligera y la asignación del 66° Batallón Panzer y el 25° Regimiento Panzer, la División Fantasma del general Erwin Rommel participó activamente en la batalla de Francia y causó graves daños a las líneas defensivas aliada gracias en gran parte a la velocidad de sus tanques y el coraje de la tropa. Más adelante, la Gespensterdivision participó en el ataque contra la Unión Soviética formando parte del Grupo de Ejércitos Centro (GEC) comandados por el Mariscal Fedor von Bock, así como en el Frente Oriental.

A esas alturas, la superioridad del Ejército alemán era aplastante. Hitler había movilizado hasta 119 divisiones en tres frentes de ataque. Al mando del general Fedor von Bock, el Heeresgruppe B desplegó al 4.°, 6.° y 18.° Ejército Alemán al norte del Somme; el Heeresgruppe C del general Wilhelm Ritter von Leeb se encargó con el 16.° Ejército del flanco occidental de la línea Maginot. A la vanguardia de dichos ejércitos se situaron las divisiones Panzer agrupadas en tres unidades: el Panzerkorps del general Hermann Hoth del 4.° Ejército alemán, que barrió el Somme al oeste de Amiens, el Panzergruppe del general Ewald von Kleist, que atacó el Somme desde Peronne y Amiens, y el Panzergruppe del general Heinz Guderian, del 12.° Ejército alemán, que asaltó el Aisne desde Rethel. Por su parte, el general Gerd von Rundstedt desplegó al 2.°, 9.° y 12.° Ejército del Heeresgruppe A ante el Aisne.

Formando parte de este efectivo y temible grupo de carros de combate estaba el joven alemán Michael Wittmann, comandante de tanque de las Waffen SS[6] al que se le atribuye la destrucción de hasta 141 tanques y 132 cañones antitanque durante el conflicto. Considerado como

---

6. En alemán, SS Armadas. Era el cuerpo de combate de élite de las Schutzstaffel o SS. Dirigidas por Heinrich Himmler, llegaron a convertirse en una fuerza inmensa de combate, con cerca de un millón de soldados.

Von Rundstedt, el gran estratega

Miembro de la aristocracia prusiana y educado desde joven en la tradición militar, Gerd von Rundstedt (Anschersleben, 1875-Hannover, 1953) fue uno de los mejores generales de la Wehrmacht durante la Segunda Guerra Mundial. Tras el estallido del conflicto en 1939, el Tercer Reich le asignó la Comandancia del Grupo de Ejércitos del Sur (Heeresgruppe Süd). Con él tomó parte de la invasión de Polonia, la batalla de Francia, la Operación Barbarroja contra la Unión Soviética y el conjunto de batallas libradas en el Frente Oriental. Junto a los generales Heinz Guderian, Hans von Kluge y Paul Von Kleist, fue uno de los grandes expertos en la llamada guerra relámpago o *blitzkrieg*. En 1940 fue ascendido a Mariscal de Campo y como tal intervino en la Operación León Marino. Al finalizar la guerra, fue capturado por los soldados de la 36.ª División de Infantería de Estados Unidos en Bad Tölz (Alemania), interrogado y acusado de crímenes de guerra de los que finalmente salió indemne.

uno de los mejores tanquistas de la historia militar alemana, el llamado «Barón Negro» participó a los 26 años en la batalla de Francia como comandante de los nuevos cañones de asalto autopropulsados que estrenaba el Ejército germano, los Sturmgeschütz III. De carácter frío y calculador, Wittmann era la antítesis del héroe militar. Por su gran valía en el campo de batalla llegaría a recibir múltiples condecoraciones (incluidas la Cruz de Caballero y las Hojas de Roble) pero siempre se mostraba humilde y era capaz de anteponer los honores de los demás a los suyos propios en el transcurso de las operaciones.

Francia estaba al límite de su resistencia organizada hasta que el 14 de junio de 1940 las tropas alemanas desfilaron por las calles de París. Tres días después, Winston Churchill transmitió por radio la siguiente declaración:

Nos llegan muy malas noticias de Francia y lo lamento por el valiente pueblo francés, que ha caído en tan terrible desgracia. Nada cambiará

Alemania impuso a los franceses la división de su territorio en dos partes.

nuestros sentimientos hacia ellos ni nuestra confianza en el resurgimiento del genio francés. Lo ocurrido allí no modifica nuestras acciones ni nuestro objetivo. Ahora somos los únicos paladines que empuñamos las armas para defender la causa del mundo. Haremos todo lo posible por ser dignos de tan alto honor. Defenderemos nuestro país y, junto con el Imperio británico, seguiremos luchando, invencibles, hasta que deje de pesar sobre la humanidad la maldición de Hitler. Estamos seguros de que al final todo saldrá bien.

Una semana después de la ocupación de París, representantes del gobierno francés del mariscal Philippe Pétain y autoridades del Tercer Reich alemán firmaron el armisticio en la localidad de Rethondes. Por la parte alemana asistieron el propio Adolph Hitler, Hermann Göring, Erich Raeder, Rudolf Hess, Joachim von Ribbentrop, Walther von Brauchitsch y Wilhelm Keitel. La delegación francesa estaba compuesta por el general Charles Huntziger y el embajador Léon Noël, entre otros. Tras varias deliberaciones, Alemania impuso a los franceses una serie de duras condiciones: división del territorio francés en dos partes (la llamada «zona ocupada» que suponía el 60% del país y que incluía París y toda la costa Atlántica; y la «zona libre» bajo autoridad únicamente francesa), mantenimiento de las tropas alemanas de ocupación a cargo del gobierno francés, entrega de los refugiados políticos alemanes en Francia, entrega de los pilotos capturados de la Luftwaffe...

Un histórico llamamiento

Tras la derrota en la batalla de Francia y desde su exilio obligado en Londres, el general Charles De Gaulle hizo un histórico llamamiento radiofónico el 18 de junio de 1940 en el que invocaba al pueblo francés a resistir bajo la convicción de que Francia solo había perdido una batalla, pero no la guerra:

> Los jefes que, desde hace muchos años, están a la cabeza de los ejércitos franceses, han formado un gobierno. Este gobierno, alegando la derrota de nuestros ejércitos, se ha puesto en contacto con el enemigo para cesar la lucha.
>
> Es cierto que hemos sido y seguimos estando sumergidos por la fuerza mecánica, terrestre y aérea del enemigo. Infinitamente más que su número, son los carros, los aviones y la táctica de los alemanes, los que nos hacen retroceder. Son los carros, los aviones y la táctica de los alemanes los que han sorprendido a nuestros jefes hasta el punto de llevarles adonde ahora se encuentran.
>
> Pero ¿se ha dicho la última palabra? ¿Debe perderse la esperanza? ¿Es definitiva la derrota? ¡No! Creedme a mí que os hablo con conocimiento de causa y os digo que nada está perdido para Francia. Los mismos medios que nos han vencido pueden traer un día la victoria.
>
> ¡Porque Francia no está sola! ¡No está sola! ¡No está sola! Tiene un vasto imperio tras ella. Puede formar un bloque con el Imperio británico que domina los mares y continúa la lucha. Puede, como Inglaterra, utilizar ilimitadamente la inmensa industria de Estados Unidos.
>
> Esta guerra no está limitada al desdichado territorio de nuestro país. Esta guerra no ha quedado decidida por la batalla de Francia. Esta guerra es una guerra mundial. Todas las faltas, todos los retrasos, todos los padecimientos no impiden que existan, en el universo, todos los medios para aplastar un día a nuestros enemi-

gos. Fulminados hoy por la fuerza mecánica, podemos vencer en el futuro por una fuerza mecánica muy superior: va en ello el destino del mundo.

Yo, general De Gaulle, actualmente en Londres, invito a los oficiales y soldados franceses que se encuentren o pasen a encontrarse en territorio británico, con sus armas o sin ellas, invito a los ingenieros y a los obreros especialistas de las industrias de armamento que se encuentren o pasen a encontrarse en territorio británico, a ponerse en contacto conmigo. Ocurra lo que ocurra, la llama de la resistencia francesa no debe apagarse y no se apagará.

Operación León Marino

La victoria sobre Francia en apenas seis semanas fue celebrada por todo lo alto en los cuarteles del Tercer Reich. Tras la evacuación de Dunkerque y la ocupación de Francia, Hitler tenía al continente europeo contra las cuerdas y estaba convencido que el Reino Unido tomaría buena nota y aceptaría proposiciones de paz. Además, Estados Unidos no parecía dispuesto a entrar en el conflicto y, de momento, se mantenía neutral. Por su parte, la Rusia soviética seguía manteniendo su alianza con el Tercer Reich y Francia se había distanciado de los ingleses tras la decisión de atacar a la Armada francesa anclada en el Norte de África por temor a que cayese en manos alemanas. Por su parte, la Italia de Mussolini había invadido Albania y Grecia e iniciaba en septiembre de 1940 la Campaña en África del Norte, muy importante estratégicamente tanto para el Eje como para los Aliados.

En definitiva, el Reino Unido estaba completamente solo y a merced de los alemanes. Desde los despachos del Tercer Reich se empezaba a gestar su invasión como golpe definitivo ante los ojos del mundo. Conocida como «Operación León Marino», (en alemán *Unternehmen Seelöwe*) fue mencionada por primera vez en una reunión celebrada el 21 de mayo de 1940 entre Hitler y el comandante en jefe de la Kriegsmarine, Erich Raeder. Tras varios encuentros, el líder alemán accedió a emprender el desembarco en el Reino Unido siempre que estuviera asegurada la superioridad aérea y la neutralización de la Royal Air Force (RAF).

Londres bombardeada por la Luftwaffe.

La misión de aniquilar a la temida fuerza aérea británica fue encargada al comandante de la Luftwaffe, Hermann Göring. Para ello contaba con la Luftflotte 5, con base en Noruega; la Luftflotte 2, en los Países Bajos; y la Luftflotte 3, situada al oeste del Sena. En total, los alemanes disponían de unos 3.600 aviones frente a las escasas 900 aeronaves de la RAF. Desde inicios de julio de 1940, los pilotos de la Luftwaffe atacaron sin tregua los convoyes navales británicos sobre el canal de la Mancha, las instalaciones industriales cercanas a Londres, así como la red de estaciones de radar.

A pesar de su notable inferioridad, los pilotos de la Royal Army resistieron el ataque alemán obligando a Göring a cambiar de táctica y emprender una nueva operación conocida como «Día del Águila» (*Unternehmen Adler*). El ataque se inició el 15 de agosto de 1940: durante varios días, más de 1.000 bombarderos y unos 700 cazas alemanes realizaron miles de ataques aéreos concentrándose básicamente en la destrucción de aeródromos militares utilizados por la RAF y que culminaría con el bombardeo del este y noreste de Londres, el 24 de agosto de ese mismo año.

Como respuesta a este primer ataque directo sobre la población civil, Churchill ordenó el bombardeo de Berlín. Aquello provocó que Hitler detuviera en seco la operación y dejara de concentrarse en los aeródromos militares para empezar a castigar a las principales ciudades del Reino Unido, principalmente a Londres. El *blitz*[7] consistió en un bombardeo sostenido en el Reino Unido por parte de los pilotos de la Luftwaffe que se mantuvo entre el 7 de septiembre de 1940 y el 16 de mayo de 1941. Semejante castigo provocaría alrededor de 43.000 víctimas, 139.000 heridos y la destrucción de más de un millón de casas. Durante la primera fase, la capital británica recibió ataques aéreos cada noche por parte de unos 200 bombarderos alemanes e italianos. Asimismo, también fueron duramente atacadas ciudades industriales y portuarias como Coventry, Liverpool, Birmingham, Portsmouth, Plymouth, Manchester, Cardiff, Bristol, Sheffield y Southampton, entre otras. A pesar del duro castigo, los aparatos de la RAF resistieron bien los ataques y mantuvieron sus fuerzas casi intactas, por lo que la invasión del Reino Unido seguía siendo complicada.

Durante el mes siguiente, Alemania permaneció a la expectativa para ver cómo reaccionaba su enemigo y si finalmente se rendía. Pero nada más lejos de la realidad. Churchill endureció la voluntad de resistencia de su país y empezó a acelerar los contactos con Estados Unidos con el fin de dar con un poderoso aliado.

Los Stuka

Los Junkers Ju 87, más conocidos como «Stuka» (del alemán *Sturzkampfflugzeug*, bombardero en picado) fueron unos temidos aviones alemanes biplaza de ataque a tierra. A pesar de que se hicieron famosos durante la Segunda Guerra Mundial, su bautismo de fuego sucedió durante la Guerra Civil española, formando parte de la Legión Cóndor que el Tercer Reich envió para luchar al lado del general Francisco Franco. Resistentes, precisos y efectivos durante los ataques, los Stuka fueron especialmente utilizados durante la Campaña de los Balcanes, en los teatros norteafricano y mediterráneo, así como en la primera etapa del Frente Oriental.

A bordo de un Stuka se hizo célebre el piloto alemán Hans-Ullrich Rudel en cuya hoja de servicio se le llegaron a adjudicar 2.530 misiones

---

7. Relámpago en alemán.

de combate, la destrucción de 519 tanques soviéticos, el hundimiento del acorazado Marat, así como dos cruceros menores, 9 aviones enemigos, 150 baterías antiaéreas, 70 lanchas de desembarco e incontables puentes, líneas ferroviarias… Más conocido como el Águila del Frente Oriental por sus gestas bélicas, fue el único soldado en recibir la más alta condecoración del Tercer Reich, la Cruz de Hierro con Hojas de Roble en Oro, Espadas y Brillantes.

2
La otra guerra

La idea de Clarke

Durante los primeros años de la Segunda Guerra Mundial, el Reino Unido estuvo francamente contra las cuerdas. Churchill había prometido que su pueblo nunca se rendiría, pero con Francia ocupada por los nazis y sin la ayuda de Estados Unidos, el pesimismo hacía mella tanto en la población como en la clase política y militar. Se requerían con urgencia propuestas efectivas para hacer frente a las intenciones invasoras de Adolph Hitler. Una de ellas llegó de la mano del ayudante del jefe del Estado Mayor, John Dill, el teniente coronel Dudley Clarke. Nacido en Johannesburgo, durante el transcurso de la Segunda Guerra Bóer, Clarke se inspiró en la táctica de guerrillas irregulares y ataques relámpago utilizados allí por los afrikáners[1] neerlandeses para proponer la creación de varios grupos reducidos de hombres adiestrados en operaciones especiales que efectuaran incursiones militares cortas a lo largo del canal de la Mancha y la costa Atlántica.

La idea de Clarke fue transmitida al primer ministro que enseguida se mostró entusiasmado con las posibilidades de estas tropas de élite. De hecho, desde la humillante evacuación de Dunkerque, Churchill también llevaba tiempo dándole vueltas a la idea de crear una fuerza formada por

1. Grupo étnico de origen neerlandés extendido por territorios de Sudáfrica y Namibia que entre los años 1880 y 1902 mantuvieron dos conflictos armados (conocidos como las guerras de los bóeres) contra el Imperio británico.

Churchill se empeñó en formar una fuerza bien entrenada que llevara el terror
a las costas ocupadas por los alemanes.

tropas especialmente entrenadas que tuviesen como objetivo llevar el terror a las costas de los países ocupados por los alemanes por medio de
ataques por sorpresa. Incluso había remitido una carta al general Ismay,
por aquel entonces secretario del ministro de Defensa, en el que le preguntaba acerca de la conveniencia de utilizar este tipo de tropas incursivas:

> ¿Qué opina el comandante en jefe de las Fuerzas Metropolitanas acer-
> ca de las tropas de asalto? Siempre hemos sido contrarios a esta idea.
> Pero lo cierto es que el empleo de tales unidades dio a los alemanes
> grandes triunfos en la guerra anterior, y esta vez ha sido uno de los
> factores principales de su victoria. Debería haber por lo menos veinte
> mil hombres encuadrados en las fuerzas de asalto, o «leopardos» (fi-
> nalmente recibieron el nombre de «comandos»), procedentes de las
> unidades existentes, dispuestos a saltar a la garganta de los pequeños
> contingentes de desembarco o de paracaidistas. Dichos oficiales y sol-
> dados habrían de estar equipados con los pertrechos más modernos,
> fusiles ametralladores, granadas, etc. y debería dárseles todo tipo de
> facilidades en cuanto a suministro de motocicletas y carros blindados.[2]

2. *The Second World War. Winston S. Churchill.* 1959.

Sección M09. Empiezan los reclutamientos

Tal como estaba el derrotado Ejército británico, a mediados de 1940 Churchill veía imposible organizar operaciones ofensivas contra las costas ocupadas del Atlántico al otro lado del canal de la Mancha o a lo largo de toda la franja que se extendía desde Dinamarca hasta Noruega. Lo más inteligente (de momento) era optar por las incursiones o raids, operaciones militares puntuales con objetivos limitados.

En el ámbito de las tácticas militares, la incursión es un ataque con objetivos limitados que se hace en territorio enemigo con una finalidad específica que excluye la toma y retención de terreno. En dicha operación, las fuerzas de incursión siempre abandonan el área de sus objetivos al cumplir la misión y, a menos que sea una unidad de retaguardia, retorna a las líneas amigas.

El interés y apoyo de Churchill fue fundamental en la creación de estas unidades especiales de ataque. En apenas tres días desde la recepción del informe de Clarke, el primer ministro autorizó la formación de la sección M09 encargada de reclutar los hombres en el Departamento de Guerra británico. En una carta de Churchill al ministro de la Guerra, dejaba bien clara su opinión sobre las ventajas de la guerra irregular:

En 1918, las infiltraciones que tan caras hubimos de pagar fueron realizadas por tropas de asalto; y la resistencia final de Alemania en los últimos cuatro meses de 1918 se apoyó principalmente en una serie de nidos de ametralladoras construidos con decisión e ingenio y defendidos con incomparable gallardía. En la guerra actual todos estos factores tienen una importancia muy superior. La derrota de Francia fue posible gracias a una reducidísima selección de fuerzas poderosamente armadas mientras la masa anónima del Ejército alemán iba avanzando detrás de ellas para consolidar la conquista y garantizar la ocupación.

Si ha de haber campaña en 1941, deberá tener un carácter anfibio y ofrecerá sin duda múltiples oportunidades para ejecutar operaciones menores. Todas estas dependerán de la posibilidad de desembarcar por sorpresa unidades equipadas con armas ligeras, fuerzas ágiles e inteligentes acostumbradas a actuar como verdaderas traíllas de perros sabuesos, en vez de operar y moverse con la disciplinada lentitud que caracteriza a las formaciones regulares.

Y concluía:

> Son muchas, pues, las razones que nos inducen a constituir unidades de tropas de asalto, es decir, a poner en práctica la idea de los comandos. He pedido ya que se proceda a organizar un cuerpo de cinco mil paracaidistas; necesitamos también por los menos diez mil de aquellas partidas de hermanos capaces de actuar con la rapidez del rayo. Solo así podremos ocupar posiciones que a continuación permitirán a las tropas regulares bien entrenadas operar en mayor escala...[3]

Bautizadas como «comandos» en una clara alusión al término afrikáner *kommando* (las unidades de caballería ligera de los bóers), inicialmente se reclutaron soldados provenientes de las diez Compañías Divisionales Independientes que habían servido en Noruega. Pero la intención de Churchill era que el cuerpo de comandos estuviera continuamente surtido de los mejores hombres, así que se realizó un envío masivo de cartas de reclutamiento con la intención de dar con aquellos soldados que cumplieran una serie de requisitos, como fuerza física y agudeza mental, capacidad creativa e imaginativa, habilidad táctica y espíritu de superación ante cualquier tipo de peligro o dificultad extrema. Una de estas misivas llegó a manos del entonces capitán y ayudante de una unidad antiaérea en el suroeste de Inglaterra, John Durnford-Slater, que en julio de 1941 creó el pionero Comando n.º 3.

Entre los primeros comandantes de esta nueva unidad de ataque destacó especialmente el teniente coronel Robert Laycock que estuvo al frente de la brigada especial Layforce (en honor a su nombre) y que contaba con los Comandos n.º 7, 8, 11 y 50/52. A esta primera etapa también pertenece el nombramiento de Ronnie Tod que, junto a John Durnford-Slater participó en la fallida Operación Ambassador.

---

3. *The Second World War. Winston S. Churchill.* 1959.

Collar, el primer fiasco

Churchill estaba impaciente por iniciar una serie de ataques sorpresa en el canal de la Mancha. Pero la falta de planificación y cierta precipitación en la toma de decisiones hizo que las primeras misiones de los comandos, como la Operación Collar y la Operación Ambassador (ambas realizadas en 1940) fueran un completo fiasco.

Al principio, desde el Ministerio de Guerra se escucharon voces críticas. Según Churchill:

La idea de que grandes partidas de «irregulares» favorecidos con ventajas especiales, con sus atavíos caprichosos y su talante despreocupado, estigmatizasen implícitamente la reputación de los valerosos y eficientes batallones regulares, resultaba odiosa para los hombres que habían consagrado su vida entera a la organización disciplinada de unidades permanentes. Los coroneles de muchos de nuestros mejores regimientos se sentían ofendidos. «¿Qué puede hacer esa gente que no sea capaz de hacer cualquiera de mis batallones? La realización de ese proyecto acabará con todo el prestigio del Ejército y lo privará de sus mejores elementos. En 1918 no tuvimos tales comandos. ¿Qué falta nos hacen ahora?» Aun sin compartirlos, era fácil comprender estos sentimientos. El Ministerio de la Guerra se

La primera misión de los comandos británicos tuvo lugar en la zona ocupada de Boulogne-Sur-Mer y Le Touquet.

hizo eco de las quejas de los jefes y oficiales. Pero yo insistí con energía.[4]

La primera misión de los comandos creados por Winston Churchill consistió en realizar una incursión nocturna desembarcando en la zona ocupada de Boulogne-Sur-Mer y Le Touquet. La noche del 23 de junio de 1940, los 120 hombres de la Compañía Independiente n.° 11 al mando del brigadier Ronnie Tod llegó a dichas costas a bordo de media docena de lanchas de salvamento de la Royal Air Force.

Un primer grupo zarpó desde el puerto de Dover y desembarcó en la playa de Stella. Bajo el mando directo de Tod, allí toparon con una patrulla alemana y en un breve intercambio de disparos resultó levemente herido el teniente coronel Dudley Clarke, que acompañaba a la fuerza de ataque en calidad de observador.

Un segundo grupo desembarcó en Le Touquet. Su objetivo era atacar el Hotel Merlimont Plage que, según el Servicio de Inteligencia británico, se había convertido en un cuartel del enemigo. Al llegar, el comando descubrió que el edificio estaba completamente vacío y de regreso a la playa toparon con dos centinelas alemanes que acabaron matando antes de subir a las lanchas.

Un tercer grupo del comando llegó hasta las costas de Hardelot. Tras adentrarse varios centenares de metros regresaron a la playa sin haber visto absolutamente nada sospechoso.

Finalmente, un último grupo desembarcó en Berck y dio con un fondeadero de hidroaviones. Pero estaba tan fuertemente defendido que optaron por dar marcha atrás y regresar a las lanchas.

En su conjunto, la operación fue decepcionante pero de regreso al Reino Unido, el Ministerio de Información aprovechó para lanzar un propagandístico comunicado sobre la operación:

Fuerzas de asalto de la Marina y el Ejército, en colaboración con la Royal Air Force, han llevado a cabo exploraciones exitosas de la costa enemiga: los desembarcos se efectuaron en varios puntos y se estableció contacto con tropas alemanas. Se causaron bajas al enemigo,

---

4. *The Second World War. Winston S. Churchill.* 1959.

sin que se produjesen bajas británicas, y se obtuvo mucha información útil.

Objetivos y adiestramiento

La guerra irregular de los comandos durante la Segunda Guerra Mundial consistía en hostigar al enemigo en su propio territorio mediante ataques rápidos y sorpresivos. En general, sus misiones consistían en la voladura de instalaciones, puentes y caminos, la captura de armas y provisiones, así como piezas clave para el desenvolvimiento del enemigo. Solían confiarse a los comandos operaciones de sabotaje (inutilización o destrucción de líneas férreas o de logística de transporte, telecomunicaciones, arsenales, fábricas...), de inteligencia (fotografía detallada de objetivos, contacto con infiltrados, etc.), de distracción (interferencias electrónicas, asaltos secundarios sin apoyo de ataques importantes), de rescate o captura de oficiales o personas de relevancia, de control previo en desembarcos o emboscadas...

Especializados en misiones atípicas, su entrenamiento también era diferente, aunque igual de exigente que el del resto de soldados de la Royal Navy. Uno de los principales centros de preparación se hallaba en el castillo de Achnacarry (Escocia). Bajo la supervisión del veterano coronel Charles Vaughan, el centro se encargaba de proporcionar un flujo constante de soldados formados con los más altos estándares del comando. Durante seis intensas semanas, los soldados entrenaban hasta la extenuación su resistencia física (con marchas diarias de hasta 25 kilómetros) y utilizaban munición y explosivos reales en la mayoría de las pruebas. También aprendían las artes del combate sigiloso y sin armas (cuerpo a cuerpo), demoliciones ofensivas y asalto anfibio. Asimismo, recibían instrucción en el manejo de la mayoría de armas portátiles enemigas e incluso artillería. El final de curso consistía en un ejercicio de incursión de 36 horas de duración que incluía un asalto nocturno.

Por este centro de entrenamiento pasaron miles de comandos y muchos de ellos llegaron a perder la vida debido a la dureza de las pruebas que allí se realizaban.

Armas ligeras y efectivas

Para facilitar la efectividad y agilidad de sus operaciones relámpago, los comandos contaban con un armamento ligero capaz de causar el máximo daño posible en el enemigo sin necesidad de cargar con aparatosas y pesadas armas. Entre las más habituales se encontraban:

— Subfusil Thompson. De tamaño compacto, elevada cadencia de tiro en modo automático (unos 1.110 disparos por minuto) y cargado con munición 45 ACP. Fue una de las armas más utilizadas por los comandos británicos durante la Segunda Guerra Mundial.
— Pistola automática Colt M1911. Alimentada por cargador y operada por retroceso directo de calibre 45 ACP.
— Carabina silenciada De Lisle. De fabricación inglesa, fue muy empleada por los comandos británicos debido en gran parte a la gran eficacia de su silenciador que solamente hacía audible el accionamiento del cerrojo al recargar. Con una cadencia de tiro de entre 20 y 30 disparos por minuto, su producción fue sumamente limitada.
— Ametralladora ligera Bren. Arma muy precisa y de peso medio que además podía desmontarse en dos partes haciéndola muy práctica en largas marchas. Llevaba un cargador de 30 cartuchos 303 British cuya recarga se accionaba por gas.
— Rifle n.º 3 Lee-Enfield. Fusil de cerrojo (el más rápido de la época) que disparaba cartuchos de calibre 303 British desde un cargador extraíble con capacidad para diez balas, que se rellenaba utilizando peines de cinco proyectiles.
— Daga de comando Fairbairn-Sykes Fighting Knife. Diseñado por el capitán William Ewart Fairbairn y el oficial instructor del campo de entrenamiento de comandos de Achnacarry, Eric Anthony Sykes, fue el cuchillo más utilizado durante la Segunda Guerra Mundial. Esta estilizada daga de combate presentaba una fina y puntiaguda hoja de doble filo, de unos 18 cm de largo y una sección transversal de 2 cm, fabricada en acero al carbono. Su empuñadura podía ser de bronce, latón o aluminio, según el modelo, estaba estriada para mejorar su agarre y contaba con una pequeña protección ovalada para la mano.

Guerra secreta

Winston Churchill estaba dispuesto a combatir las fuerzas de Hitler utilizando todos los flancos y estrategias posibles. El 16 de julio de 1940, el dirigente británico convocó a su ministro de Economía de Guerra, Hugh Dalton, para encomendarle la responsabilidad política de dirigir una nueva organización secreta. Bautizada como Special Operations Executive (SOE), su objetivo era crear una red de espionaje, sabotaje y reconocimiento militar y especial contra las Potencias del Eje en la Europa ocupada por los alemanes. En palabras del propio Churchill, la intención era «poner a Europa en llamas y coordinar todas las acciones de subversión y sabotaje contra el enemigo al otro lado del mar» mediante tácticas y operaciones de guerra irregular.

A partir de la sección D del Servicio de Inteligencia M16 del Reino Unido, se formó y entrenó a miles de agentes secretos que dieron especial apoyo a movimientos de resistencia como los partisanos yugoslavos, el Armia Krajowa polaco, los partisanos soviéticos y las Fuerzas Francesas del Interior.

En sus filas destacaron figuras como la de Noor Inayat Khan, agente británica de ascendencia india que fue la primera mujer operadora de radio enviada a la Francia ocupada por los nazis para ayudar a la Resistencia gala. Bajo el alias «Madeleine», mantuvo informada a Londres de los movimientos del Eje hasta que fue capturada por la Gestapo y en 1944 murió fusilada en el Campo de concentración de Dachau.

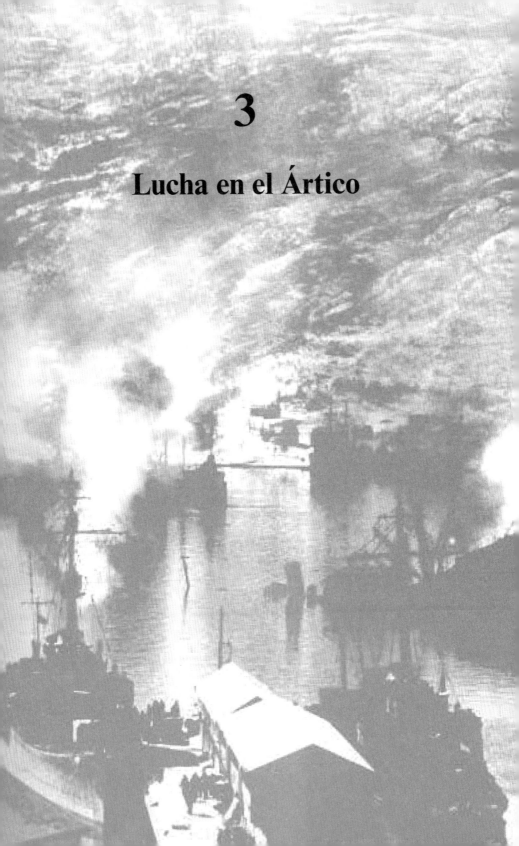

3

Lucha en el Ártico

Sabotaje en las Lofoten

Tras el fiasco de las primeras operaciones de comandos británicos, las unidades de incursión por sorpresa estaban bajo el punto de mira. A pesar del empeño puesto por el primer ministro Winston Churchill, estaba claro que los resultados, de momento, no eran los esperados.

Una buena oportunidad para poner a prueba sus posibilidades surgió durante la incursión de las islas Lofoten. Situadas al norte de Noruega y por encima del Círculo Polar Ártico, en este archipiélago los alemanes contaban con varias factorías de aceite de pescado con la que se producían toneladas de glicerina necesarias para elaborar explosivos. Bajo el mando del contralmirante Louis Keppel Hamilton, la Royal Navy embarcó una flotilla compuesta por el *HMS Somali*, el *HMS Bedouin*, el *HMS Tartar*, el *HMS Eskimo*, el *HMS Legion*, el *HMS Queen Emma* y el *HMS Princess Beatrix*. La idea era realizar un ataque relámpago y por sorpresa, así que se concedió la misión a los comandos n.º 3 y n.º 4, liderados respectivamente por el teniente coronel John Durnford-Slater y el teniente coronel D.S. Lister. Un total de 500 hombres que contaron además con el apoyo del cuerpo de zapadores de la Royal Engineers (RE) del Ejército británico.

El principal objetivo de los comandos consistía en destruir las refinerías alemanas instaladas en los puertos de Stamsund, Henningsvær, Svolvær y Brettesnes. A bordo del *HMS Queen Emma*, los hombres del Comando n.º 4 desembarcaron en los puertos de Svolvær y Brettesnes, mientras que los muchachos de Durnford-Slater lo hicieron en Stamsund y Henningsvær, a bordo del *HMS Princess Beatrix*.

Por primera vez en la historia de los comandos, la incursión realizada durante las primeras horas del 4 de marzo de 1941 fue plenamente satisfactoria. Durante el transcurso de la Operación Claymore se capturaron más de 200 alemanes, la mayoría pertenecientes a la Luftwaffe, se inutilizaron por completo los buques mercantes alemanes *Hamburg*, *Pasajes*, *Felix*, *Mira*, *Eilenau*, *Rissen*, *Ando* y *Grotto* y el ataque a las refinerías de Henningsvær y Svolvær destruyó casi 4.000 toneladas de aceite de pescado y glicerina listas para la fabricación de explosivos.

Uno de los logros más significativos (e imprevisto) durante la ejecución de la misión fue la captura de un libro de códigos de la célebre máquina Enigma, dispositivo electromecánico similar a una máquina de escribir que el sistema de comunicaciones alemán utilizaba para transmitir a sus submarinos las posiciones de los convoyes enemigos y así concentrar sus fuerzas para un ataque simultáneo.

Pero la verdadera importancia histórica de esta operación fue que por primera vez las tropas británicas infringían una derrota total a las tropas de Hitler. Este hecho fue ampliamente utilizado por los órganos propagandísticos del gobierno inglés y supuso toda una inyección de moral para el pueblo británico.

Hasta el momento, la dirección de operaciones combinadas había corrido a cargo del almirante Roger Keyes, héroe nacional de la Primera Guerra Mundial y especialmente admirado por los jóvenes soldados integrantes de los comandos. Pero más que admiración, los grupos de operaciones especiales necesitaban acción, alguien de su generación (Keyes rozaba los 70 años) enérgico y decidido que arrancara de una vez por todas la serie de ataques relámpagos que Churchill demandaba hacía tiempo. Así que el 27 de octubre de 1941, el noble Louis Mountbatten (bisnieto de la reina Victoria) fue nombrado su sucesor como Director de Operaciones Combinadas. Precedido por su excelente hoja de servicios al frente del destructor *HMS Kelly*, Churchill intuyó que su carácter enérgico, riguroso y vitalista podía hacer de él un excelente jefe en este tipo de complicadas operaciones.

Durante su primera etapa al frente del nuevo cargo, Mountbatten conoció al oficial Robert Laycock que con el tiempo se convertiría en uno de los principales especialistas en operaciones combinadas y comandos. Este joven londinense era oficial de la Guardia Real cuando en enero de 1941 pasó a la acción y se puso al frente de los comandos números

7, 8 y 11. Laycock reclutó a sus hombres echando mano de sus antiguos compañeros de la Household Cavalry, los Foot Guards y los regimientos de caballería de defensa, especialmente los Royal Scots Greys. Buscaba hombres de confianza provenientes de su círculo de amigos y colaboradores más cercano. Entre algunos de sus insignes hombres estaban Robin Campbell (hijo de un embajador), Earl Jellicoe (vizconde de Milton), los Lords Sudeley y Stavordale, así como los ricos herederos Gavin Astor y Julian Berry, además del mismísimo hijo del primer ministro británico, Randolph Churchill.

Desde el primer día, el conjunto de hombres reclutados por Laycock recibió un duro entrenamiento que muchos de ellos no llegaron a superar regresando a sus unidades de origen. El momento de poner a prueba la verdadera capacidad de estos comandos estaba a punto de llegar.

Por tierra, mar y aire

La Segunda Guerra Mundial fue el primer conflicto bélico en el que se superó la división tradicional de los tres ejércitos (Tierra, Mar y Aire). Para poner en marcha el gran proyecto de las Operaciones Combinadas, el 17 de julio de 1940 Winston Churchill designó inicialmente al veterano almirante Roger Keyes que en 1918 había encabezado heroicamente las operaciones anfibias destinadas a neutralizar las bases de submarinos en Zeebruge y Ostende durante la Gran Guerra. Un año después se creó el Centro de Adiestramiento Combinado (Combined Training Center, CTC) en Inverary (Escocia) a cargo del capitán de navío J. Hughes Hallet.

En febrero de 1941, cerca de 5.000 hombres habían sido destinados a la operación de los medios navales de desembarco en la que fue considerada como la segunda Armada Real. Se puso especial interés en la selección y entrenamiento de los equipos de playa navales que tenían la tarea de arribar a la costa adversaria y asegurar un área inmediata de desembarco y ordenar el flujo de hombres y abastecimientos.

Tras el reemplazo del septuagenario Keyes, Churchill promovió al dinámico y enérgico Mountbatten a vicealmirante y comandante el cual puso en marcha un plan de expansión entrenando a 16.000 hombres en los centros de Operaciones Combinadas de Inverary, Trono y Dunadold. De las dotaciones con las que contaban dichas operaciones, los comandos de tierra fueron sin duda los más famosos.

Mountbatten, el supremo comandante

Louis Francis Albert Victor Nicholas de Battenberg nació con el siglo xx. Cuarto hijo del príncipe Louis de Battenberg y de la princesa Victoria de Hesse-Darmstadt, nieta de la reina Victoria de Inglaterra, ingresó en la Marina con apenas 13 años y llegó a ser Primer Lord del Almirantazgo y jefe de la Junta de Operaciones Navales. Combatió en la Primera y Segunda Guerra Mundial y fue comandante supremo de las fuerzas aliadas en el sureste de Asia. Asimismo, fue un gran negociador diplomático y el artífice de los estadios finales de la independencia de la India, adonde fue enviado por el Gobierno laborista de Attlee como último virrey.

Murió en 1979 víctima de un atentado al explotar su yate Shadow V mientras pescaba frente a las costas del condado de Sligo, en aguas de Irlanda. El ataque fue reivindicado por el Ejército Republicano Irlandés (IRA) y también segó la vida de su nieto Nicholas, de 14 años. Los funerales del que fuera conde de Birmania, barón Romsey de Southampton, caballero de la Jarretera, primer lord del Mar y del Almirantazgo, último virrey de la India y primo de la reina Isabel II de Inglaterra se celebraron la abadía de Westminster con la asistencia de toda la familia real que rindió homenaje a quien conocieron en vida con el afectuoso apelativo de «tío Dickie». En el multitudinario sepelio se notó especialmente la ausencia de autoridades japonesas, país a quien Mountbatten nunca

Mountbatten

perdonó por su enfrentamiento durante la Segunda Guerra Mundial dejando dispuesto que no asistieran a su entierro. Su cuerpo reposa en la pequeña abadía de Ronisey, situada junto a su residencia de Broadlands.

Objetivo: secuestrar a Rommel

Tras su brillante papel al frente de la 7.ª División Panzer durante la invasión de Francia, en febrero de 1941 Erwin Rommel fue enviado al norte de África para respaldar las mermadas tropas italianas. Rommel tenía la misión de mantener la línea del frente y dar apoyo a las tropas del general Italo Gariboldi evitando que los británicos expulsaran a las fuerzas del Eje del continente africano. En poco tiempo, Rommel pasó de una posición defensiva a lanzar eficaces ataques derrotando a los ingleses en las batallas de Gazala, Tobruk y Mersa Matruh. Su aplastante campaña hizo que a partir de entonces recibiera el sobrenombre de «El zorro del Desierto».

El general Archibald Wavell era el encargado de detener las incursiones de Rommel y tras sus sucesivos fracasos finalmente fue relevado del mando por el general Claude Auchinleck. Para Churchill era de vital importancia detener el avance de los Panzer de Rommel. En un principio el nuevo general consiguió frenar al Afrikakorps y asegurar Egipto y el canal de Suez rompiendo el sitio de Tobruk en la llamada Operación Crusader que se desarrolló entre el 18 de noviembre y el 30 de diciembre de 1941. Pero parece que Churchill no confiaba excesivamente en su éxito y dio luz verde a una operación secreta que pretendía capturar a Rommel y trasladarlo a Gran Bretaña.

Conocida como Operación Flipper, fue encomendada al teniente general Geoffrey Keyes, hijo del almirante Roger Keyes y jefe de operaciones combinadas del Ejército británico. Según informaciones del Servicio de Inteligencia, el cuartel general de Rommel estaba situado en Beda Littoria. El 10 de noviembre de 1941, dos submarinos británicos emergieron en las aguas de la costa de Cirenaica, unos 300 kilómetros por detrás del frente del Eje. En el *HMS Torbay* iba Geoffrey Heyes acompañado del capitán Robin Campbell y el teniente Roy Cook al frente de un comando compuesto por 25 hombres. Mientras que en el *HMS Talisman* embarcó el comando del teniente coronel Laycock compuesto por 28 hombres, junto al capitán Glennie y el teniente Sutherland. La intención era aprovechar el inicio del ataque del general Auchinleck a fin de romper el cerco de Tobruk para desembarcar aquella cincuentena de hombres en la playa de Hamama.

La experiencia de Keyes al frente de un comando era muy limitada y hasta aquel momento apenas había realizado un ataque sobre una posición de franceses de Vichy en el río Litani (Siria) y que había costado la vida a demasiados hombres. Además, sus dotes de mando y liderazgo imprescindibles para encabezar una unidad de operaciones especiales también dejaban mucho que desear. Poco antes del desembarco, su discurso a los comandos incluyó frases amenazantes como «Al que encienda un cigarrillo en la orilla le pego un tiro» o «Gornall, cuando regresemos, córtese el pelo».[1]

El fuerte oleaje no facilitó la llegada de los hombres a la playa y solo 7 hombres de Laycock, que había considerado la operación como una incursión extremadamente arriesgada pudieron alcanzar la arena a bordo de sus canoas de goma. Una vez en tierra y ya casi despuntando el alba, el debilitado comando de Laycock se quedó asegurando la playa mientras que Keyes y sus hombres se refugiaron en un cauce seco para permanecer ocultos hasta que anocheciera de nuevo.

Al caer la noche del segundo día y bajo una intensa lluvia, los hombres de Keyes emprendieron una larga marcha hacia Beda Littoria. Con la ayuda de un guía árabe, el comando finalmente llegó hasta la parte trasera del supuesto cuartel general de Rommel. Sigilosamente, un grupo de hombres tomaron posiciones en torno al modesto edificio y el resto colocaron las cargas explosivas y fijaron los detonadores en la pequeña central eléctrica del pueblo. Al estallar, toda Beda Littoria se quedó a oscuras, momento que el capitán Campbell aprovechó para acercarse a la puerta del cuartel general y reclamar en alemán que le dejasen entrar. Tal vez creyendo que se trataba de un centinela, alguien abrió la puerta. Allí esperaban Campbell y Keyes que se abalanzaron sobre el soldado alemán. El ruido alertó al resto de ocupantes del cuartel. Sobresaltados, el brigada Lentzen, el sargento Kowacic y el armero Barten entraron armados y, tras un cruce de disparos, los dos mandos ingleses cayeron gravemente

---

1. *Get Rommel*, Michael Asher, Weidenfeld & Nicholson, 2004.

El *HSM Tartar*.

heridos. Campbell fue tomado prisionero y Keyes murió en el acto, mientras que los alemanes finalmente consiguieron repeler el ataque del comando que finalmente se batió en retirada.

A partir de aquí, cada grupo intentó como pudo escapar del cerco que levantó en toda la zona el Ejército alemán. Poco a poco fueron cayendo en sus manos y de todos los oficiales que participaron, tan solo pudieron escapar con vida el teniente coronel Robert Laycock y el sargento Terry. Tras casi 40 días caminando, lograron contactar con un destacamento británico instalado en Cirene.

A pesar de querer atentar contra su vida, Rommel ordenó que el cuerpo de Keyes recibiera sepultura en un cementerio militar de Bengasi y con todos los honores, haciendo gala de su *krieg ohne hass*.[2]

Por su parte, el capitán Campbell fue atendido de sus heridas en un pequeño hospital de Beda Littoria donde se enteró que Rommel nunca había habitado el edificio atacado por los comandos, sino que simple-

2. Guerra sin odio, en alemán.

mente se trataba del cuartel general de los servicios de intendencia. Por aquel entonces, el zorro del desierto vivía en una residencia secreta en Susah, junto a las ruinas de Apolonia. Además, el día del ataque, Rommel se hallaba muy lejos de allí, concretamente en Roma donde se hallaba celebrando su cumpleaños junto a su esposa Lucie Marie Mollin.

La caótica operación Flipper de fue un absoluto fracaso. A pesar de ello, Geoffrey Keyes fue el primer oficial de comando en recibir a título póstumo la prestigiosa Cruz de la Victoria. Su muerte y el fiasco de la incursión de Beda Littoria marcó el inicio de una serie de misiones mejor planificadas, en gran parte debido a la incorporación del almirante Louis Mountbatten al frente de las operaciones combinadas y posteriormente a la del general Robert Laycock.

El atípico Keyes

Considerado como uno de los primeros oficiales de comando durante la Segunda Guerra Mundial, el comandante Geoffrey Keyes (1917-1941) pasó a la historia por su fallido intento de secuestrar al mariscal de campo alemán Erwin Rommel.

El mayor de los cinco hijos que tuvo el célebre almirante sir Roger Keyes, era delgado, miope, algo sordo, más inclinado a las actividades intelectuales que a la milicia y de carácter reservado, características por comunes entre los soldados integrantes de los comandos británicos. Estudió en la prestigiosa Royal Military Academy Sandhurst (RMAS) y a los 20 años fue nombrado teniente general del regimiento de caballería Royal Scots Greys. Tras participar en la campaña de Noruega durante la invasión nazi en 1940, un año más tarde Keyes se ofreció como voluntario para dirigir un ataque del Comando n.º 11 sobre una posición de franceses de Vichy en el río Litani (Siria). Poco tiempo después y con apenas 24 años perdió la vida en Beda Littoria (actualmente Al Baida, al noreste de Libia) durante el transcurso de la fallida Operación Flipper.

Operación Anklet

El éxito de la Operación Claymore animó a los británicos a organizar una segunda incursión en las islas Lofoten. Bajo la supervisión de la fuerza de operaciones combinadas comandadas por Louis Mountbatten, aunque sin el apoyo aéreo de la Royal Air Force, la misión contaba con el crucero ligero *HMS Arethusa*, seis destructores (*HMS Somali, HMS Ashanti, HMS Beduin, HMS Eskimo, HMS Lamerton* y *HMS Wheatland*), tres dragaminas (*HMS Speedwell, HMS Harrier* y *HMS Halcyon*), dos buques para el transporte de infantería (*HMS Prince Albert* y *HMS Princess Josephine Charlotte*), dos submarinos (*HMS Tigris* y *HMS Sealion*) y el buque de investigación hidrográfica *HMS Scott*. Por su parte, la Royal Norwegian Navy apoyó la operación con las corbetas *Andenes* y *Eglantine*, mientras que la Armada de Polonia se sumó a la incursión combinada con los destructores *ORP Krakowiak* y *Kujawiak*. En cuanto a las fuerzas de tierra, la operación contó con el apoyo del Comando n.° 12 y la Compañía Independiente Noruega n.° 1.

La idea era realizar una incursión rápida con el fin de distraer la atención de las fuerzas alemanas. Esta operación de diversión serviría de apoyo a una misión más importante, la llamada Operación Archery. El 22 y el 23 de diciembre de 1941, las fuerzas navales partieron desde el fondeadero de Scapa Flow, situado en las islas Orcadas (Escocia) y emplazamiento de la principal base naval del Reino Unido durante la Segunda Guerra Mundial, así como desde los puertos escoceses de Greenock y Lerwick. Al poco de zarpar, el buque de transporte de infantería *Princess Josephine Charlotte* sufrió serios problemas en el motor y tuvo que regresar al fondeadero de Scapa escoltado por el destructor *HMS Wheatland* que días más tarde se reincorporaría al resto de fuerzas navales en ruta.

Con la intención de coger desprevenidas a las fuerzas alemanas, se planificó el inicio del ataque durante la mañana del 26 de diciembre. A las 6 de la mañana y liderados por el teniente general S. S. Harrison, los 223 hombres del Comando n.° 12 acompañados de los 77 integrantes de la Compañía Independiente Noruega desembarcaron en Moskenesøya, la isla principal de las Lofoten al sur del archipiélago. El destructor *Bedouin* atacó la estación de radio de Flakstadøya, más al norte, y los destructores *Somali, Ashanti* y *Eskimo* arribaron hasta las costas de Vestfjorden y capturaron el vapor costero Kong Harald, mientras que el

HMS Ashanti hundió una patrullera alemana. En la costa occidental de Moskenesøya, los comandos ocuparon las ciudades de Reine y Moskenes, tomaron el control de una guarnición alemana, así como de la estación de radio de Glåpen.

Las fuerzas alemanas reaccionaron y el 27 de diciembre bombardearon al crucero *HMS Arethusa* que sufrió serios daños aunque no llegó a ser hundido. Al no contar con apoyo aéreo y tras dos días de ocupación, los comandos fueron reembarcados y regresaron al fondeadero de Scapa adonde llegaron sin baja alguna el 1 de enero de 1942.

Durnford-Slater, el decano de los comandos

El 16 de diciembre de 1940, el Führer y supremo comandante de la Wehrmacht, Adolf Hitler, remitió la Directiva n.º 21 a los oficiales destacados del Reich. Más conocida como Operación Barbarroja, sus órdenes eran:

> La Wehrmacht debe estar preparada, aún antes de terminar la guerra con Gran Bretaña, para derrotar a la Rusia Soviética en una rápida campaña (…). La Luftwaffe deberá estar dispuesta para dar apoyo al Ejército en la Campaña del Este con fuerzas de adecuada capacidad, para garantizar la pronta terminación de las acciones terrestres y para darle a los territorios de Alemania Oriental la máxima protección contra los ataques aéreos enemigos. La realización del máximo esfuerzo en el este no deberá llevarse a cabo hasta el punto en que no podamos proteger adecuadamente todos nuestros frentes de ataque y de concentración de armamento contra los ataques aéreos enemigos, ni tampoco deberán sufrir las consecuencias, la ofensiva contra Gran Bretaña y en particular las rutas de abastecimiento británicas.
>
> Para la Kriegsmarine, el punto de mayor esfuerzo se mantendrá consistentemente contra Inglaterra, aun mientras la campaña en el este se mantenga en progreso.
>
> Daré las órdenes para la concentración de tropas para la operación propuesta contra la Rusia Soviética, tan pronto llegue el momento, con ocho semanas de anticipación al inicio de las operacio-

nes. Los preparativos que requieran más tiempo que ese, deberán comenzar —si es que no se han iniciado ya— inmediatamente y completarse para el 15 de mayo de 1941.

Las órdenes de Hitler cambiaron el foco de atención de los alemanes, concentrado hasta ese momento sobre Gran Bretaña. Hacia el Frente del Este se empezó a producir un movimiento incesante de tropas, fuerzas blindadas y aviones, desde los Balcanes, y hacia el este, desde Francia y Alemania. Gran Bretaña estaba muy debilitada tras la batalla de Inglaterra pero ante la inminente invasión de su país, Stalin mandó varios telegramas a Churchill solicitando su apoyo y presionándolo para establecer un segundo frente lo más al oeste posible, estrategia que buscaba ganar tiempo para poder desarrollar al máximo el gran potencial militar ruso. Por su parte, Hitler buscaba someter a Rusia con el fin de privar a Gran Bretaña de aliados, obligándola así a firmar la paz que Churchill se empecinaba en rechazar. En el diario de Franz Halder, jefe del Estado Mayor del alto mando del Ejército alemán, aparece anotada esta esclarecedora reflexión:

Gran Bretaña se hallaba muy debilitada tras la batalla de Inglaterra.

El Führer está muy desconcertado por la persistente resistencia de los británicos a negociar la paz. Para él (como para nosotros) la respuesta reside en las esperanzas que Gran Bretaña tiene depositadas en Rusia. Cuenta, por lo tanto, con que para hacerla tendrá que recurrir al uso de la fuerza.

Pero la campaña en Rusia iba a empezar lejos de allí. Hitler sabía de la importancia estratégica que tenía mantener bajo control de las tropas alemanas sus guarniciones situadas más al norte de Europa: «Noruega es la zona que ofrece el destino en esta guerra. Pido obediencia incondicional a mis órdenes y directivas referentes a la defensa de esta zona», dijo en enero de 1942. Al frente de las operaciones combinadas aliadas, Mountbatten también era consciente de lo importante que podía ser para el transcurso del conflicto, hostigar a los alemanes en esa zona. Y de hecho, las operaciones que allí emprendería tendrían una influencia sutil pero decisiva en el desarrollo futuro de la guerra. Por su parte, desde el punto de vista estratégico, Churchill consideraba que mantener a las tropas nazis en pie de guerra en las costas occidentales haría que Hitler no concentrara todas sus fuerzas en su empeño contra Rusia y el norte de África.

En este sentido, una de las principales incursiones fue la llevada a cabo en Vaagso del Sur. Situado a unos 100 kilómetros al norte de la población Noruega de Bergen, en esta ciudad pesquera los alemanes disponían de varias factorías encargadas de producir toneladas de aceite de pescado. El Tercer Reich utilizaba esta materia prima para la obtención de glicerina que más tarde empleaba en la fabricación de explosivos. Según los informes del Ejército británico, el destacamento alemán para proteger dicho centro de producción consistía en 150 soldados de infantería, un carro de combate, una batería de cuatro cañones situada en la isla de Maloy, otra de dos cañones en Rugsund y cerca de un centenar de hombres del Cuerpo de Trabajadores pertenecientes a la Organización Todt.

Creada en 1934 por Fritz Todt, ministro de Armamento y Municiones, esta organización se dedicó durante el conflicto a la ingeniería y construcción de infraestructuras tanto civiles como militares. Su importancia fue clave para el Tercer Reich, ya que se estima que entre el 25 y el 30% de la producción bélica alemana se generó en fábricas y almacenes administrados por dicha organización. Dividida en varios segmentos, disponía de una considerable cantidad de mano de obra, buena parte de ella reclutada a la fuerza entre los prisioneros de guerra.

Aunque los alemanes no disponían de buques de guerra en la zona, las posibilidades de realizar un desembarco sin topar con la resistencia alemana eran poco probables. Por aire, la isla contaba con la protección de la Luftwaffe que disponía de hasta tres campos de aviación en la zona, Herdla, Stavanger y Trondheim. Con la fuerte presencia de cazas alemanes en la zona, asaltar el puesto alemán no iba a resultar sencillo, de ahí que se basó la operación, bautizada como Archery, en la estrecha colaboración entre las fuerzas de la Royal Navy y la Royal Air Force. La idea era que la RAF apoyaría la incursión por tierra de los hombres del Comando n.º 3 atacando los aeródromos ocupados por los alemanes, mientras que desde el mar cuatro destructores de las Fuerzas Armadas Británicas, comandadas por el *HMS Kenya*, castigarían severamente las posiciones de artillería.

Al frente de la incursión terrestre estaba el teniente coronel J. F. Durnford-Slater. Llevaba tiempo preparando la misión en secreto bajo la supervisión directa de Lord Louis Mountbatten. Hasta que el 13 de diciembre, los hombres del Comando n.º 3 embarcaron hacia la base de Scapa Flow. Allí se reunieron con el resto de las fuerzas de incursión terrestres, compuestas por una unidad del Comando n.º 2, personal de los Ingenieros Reales, hombres del Real Cuerpo de Sanidad del Ejército y oficiales de Inteligencia de la Oficina de Guerra.

Antes de iniciar la Operación Archery, Mountbatten culminó su arenga a las tropas con un ardoroso mensaje:

> Una última cosa. Cuando mi buque, el destructor *Kelly*, fue hundido en las proximidades de Creta, a primeros de año, los alemanes ametrallaron a los supervivientes en el agua. Por mi parte, no es absolutamente necesario tratarlos con suavidad. ¡Buena suerte a todos![3]

Con esta idea de revancha, los hombres de Durnford-Slater se embarcaron en dirección a Sollum Voe, en las Shetland, durante la Nochebuena de 1941. Un fuerte temporal de fuerza 8 complicó enseguida las cosas

---

3. *Comando*, Peter Young, Ed. San Martin, 1975.

zarandeando violentamente el convoy de naves. Uno de los destructores escolta (el Prince Charles) sufrió serios daños durante el temporal y el almirante Burrough decidió retrasar 24 horas la misión para poder achicar las casi 120 toneladas de agua que inundaban su cubierta. Los comandos estaban acostumbrados a este tipo de contratiempos y se tomaron a broma la situación especulando sobre las razones de dicho retraso. Uno de los rumores que más se extendieron fue que la demora se debía a que al Papa de Roma no le gustaba que se efectuasen misiones bélicas en el día de Navidad... Así que finalmente, los soldados pudieron celebrar las fiestas comiendo pavo en el campamento e incluso llegaron a improvisar un árbol de Navidad.

Sin más demora, a las 4 de la mañana del día siguiente, las tropas se hicieron de nuevo a la mar. La temperatura era glaciar y los buques fueron acercándose sigilosamente a las escarpadas costas del objetivo. Salvando la isla de Klovning y las rocas de Skarningerne, el convoy se adentró en el fiordo cuando enseguida recibieron el apoyo aéreo de los bombarderos Hampden.

El comandante y escritor Robert Henriques prestaba por aquel entonces servicio en el Ejército inglés y fue destinado a bordo del *HMS Kenya* durante la Operación Archery. Más tarde relataría en uno de sus libros, las sensaciones que tuvo al adentrarse en el profundo y angosto fiordo, poco antes del ataque: «Se sentía una tétrica sensación al penetrar en el fiordo en absoluto silencio y muy despacio. Me preguntaba qué iba a suceder. Parecía que el buque no estaba en su propio elemento, que no volvería a surcar libremente los mares. De vez en cuando veía una pequeña cabaña iluminada y temía que si una luz se apagaba de repente, significaría que el enemigo nos había descubierto».[4]

Los bombarderos empezaron a castigar las defensas alemanas seguidos del ataque conjunto de los destructores que, tras la orden del almirante Burrough, en apenas 10 minutos lanzaron más de 400 proyectiles de seis pulgadas para cubrir el desembarco de los comandos. El ataque había cogido totalmente por sorpresa a la guarnición alemana y a las 8:57, Durnford-Slater a bordo de la primera lancha de desembarco disparó al cielo 10 bengalas Very con su pistola monotiro de cañón corto y

---

4. *Comando*, Peter Young, Ed. San Martin, 1975.

calibre 26,5 mm. Aquella era la señal para que cesara el bombardeo desde los navíos y los cazas Hampden iniciaran un ataque sobre la zona con bombas de humo.

El comando terrestre estaba dividido en cinco grupos. Bajo las órdenes del teniente R. Clement, el primer destacamento se encargaría de atacar el puesto de Hollevik. El segundo grupo y más numeroso contaba con unos 200 hombres comandados por el mismo Durnford-Slater y cuyo objetivo sería hacerse con el control de Vaagso del Sur. Un tercer grupo de 105 hombres y bajo las órdenes del comandante Jack Churchill se haría cargo de capturar Maaloy y destruir la factoría de Mortenes. El cuarto destacamento se nutría con 65 órdenes y comandados por el capitán R. H. Hooper era el grupo de reserva a bordo del *HMS Kenya*. Finalmente, el quinto grupo estaba compuesto por una treintena de soldados que, bajo el mando del capitán D. Birney, se encargaría de bloquear los accesos a Rodberg.

Por su parte, los hombres de Clement lanzaron un ataque relámpago sobre Hollevik que cayó fácilmente en manos de los británicos. En el destacamento apenas había dos soldados, ya que el resto se encontraba desayunando en Vaagso.

El grupo de Durnford-Slater no lo iba a tener tan fácil. Durante su desembarco, uno de los cazas Hampted fue alcanzado por el fuego de las ametralladoras antiaéreas del pesquero armado alemán Fohn que estaba apostado en Ulvesund. La mala fortuna quiso que una bomba de humo de 30 kg se desprendiera del caza y cayera justo encima de la lancha de desembarco del teniente Arthur Komrower. La explosión acabó al instante con la vida de casi la mitad de sus hombres. El resto de la unidad pudo ponerse a salvo saltando a tierra y buscando protección en unas rocas cercanas. Entre sus hombres destacaría especialmente el capitán Johnny Giles de la 3.ª Unidad, hombre de considerable complexión que dirigió una enérgica carga penetrando con fuerza en Vaagso lanzando granadas en el interior de cada casa durante su decidido avance. Una furia que perdió gas cuando el propio Giles cayó fulminado por el certero disparo de un francotirador alemán.

Junto a los hombres de Giles, la 4.ª Unidad seguía avanzando bajo el mando del capitán Algy Forrester que se abría camino disparando incesantemente su ametralladora. Las fuerzas alemanas resistían bien el ataque de los comandos británicos, sorprendidos al comprobar que la guar-

Los comandos no solo debían combatir al enemigo, también debían enfrentarse
a todo tipo de contratiempos.

nición era mucho más numerosa de lo que los informes habían
documentado. Al llegar al Hotel Ulvesund, uno de los edificios donde
los alemanes se habían hecho fuertes, Forrester ordenó lanzar un ataque
frontal. El fogoso capitán lideró la avanzadilla y echó a correr hacia la
puerta principal levantando el seguro de una granada que llevaba en la
mano. Justo en ese momento recibió un disparo que le hizo caer sobre su
propia granada que no tardó en explotar. De inmediato, el capitán Martin Linge al frente de la sección noruega de la Tropa n.º 4 se hizo cargo
del ataque pero también cayó fulminado de un disparo en el pecho. La
muerte de aquellos dos hombres, especialmente la de Forrester, muy bien
considerado entre los hombres de los distintos comandos, mermó la moral de los hombres. No decayó el ánimo del cabo White quien se hizo
cargo del tercer y definitivo ataque al hotel. Junto a los supervivientes de
la 4.ª Unidad y con la ayuda de un mortero, unas cuantas granadas y
varias metralletas y fusiles de 3 pulgadas recuperado por el capitán Bill
Bradley de la 1.ª Unidad, pudieron vencer la resistencia de los alemanes
desde su punto más fuerte en Vaagso.

Mientras, desde su puesto de mando en la retaguardia, Durnford-Slater esperaba impaciente los informes de los distintos grupos de tierra. La

comunicación por radio con los hombres de la 3.ª y 4.ª Unidad se había perdido y temiendo lo peor envió un mensaje al destructor *Kenya* solicitando la ayuda de las tropas de reserva, comandadas por el capitán R. H. Hooper. Sin poder contenerse más en su puesto alejado del frente, Durnford-Slater decidió dirigirse a las posiciones avanzadas para comprobar personalmente la situación acompañado por su oficial de comunicaciones, Charley Heed. Al acercarse a la zona del hotel, Heed le aconsejó: «Mantenga la vigilancia sobre los tiradores de la izquierda, señor; yo vigilaré los de la derecha». «¡Nada de vigilar», respondió airado su superior.

A cierta distancia de allí, los hombres de Churchill se disponían a desembarcar en la rocosa costa de Maaloy. Conocido entre los hombres de su compañía con el sobrenombre de «Mad Jack», este extravagante capitán escocés fue el primero de su compañía en pisar tierra firme blandiendo su espada Claymor mientras daba ánimos a sus soldados y desaparecía entre la cortina de humo creada por los aviones Hampdens de las Reales Fuerzas Aéreas. Tras un ataque relámpago, sus unidades se hicieron con el control de la isla y destruyeron la factoría alemana de Mortenes.

Por su parte, los destructores ingleses estaban castigando seriamente a los buques mercantes enemigos apostados en aguas del fiordo. Viendo que la derrota era inminente, A bordo del Fohn alemán, su teniente de navío intentaba deshacerse del libro de códigos secretos. Estos contenían las señales de radio de cada barco alemán en Noruega y Francia, así como las alertas, y señales de emergencia. Aquello tenía un valor incalculable para los Servicios de Inteligencia británica. Tras un intenso fuego cruzado, el Fohn fue seriamente dañado y encalló en las rocas. Los preciados códigos cayeron finalmente en manos de los ingleses.

El avance implacable de los ingleses empezaba a dar sus frutos y los defensores de Vaagson retrocedían convencidos que tarde o temprano deberían entregarse. Cuando finalmente el pueblo cayó bajo el control de las tropas aliadas y los alemanes se rindieron, Durnford-Slater ordenó la demolición de las factorías y el resto de instalaciones alemanas que incluían un faro y varios almacenes, así como cualquier tipo de equipamiento de comunicación telefónica.

Sin duda, la Operación Archery fue el primer gran éxito de los comandos británicos. El ataque provocó la muerte de 19 comandos y una cincuentena de heridos pero el asalto supuso el primer paso para minar la moral de Hitler que, hasta el momento, se había mostrado invulnerable en Europa. Como respuesta, el Tercer Reich mandó hacia la zona una dotación de hasta 12.000 hombres con la intención de reforzar las defensas en territorio noruego. La estrategia de Winston Churchill había funcionado, pues desde un principio había concebido la operación Archery como una maniobra de distracción para evitar que Hitler concentrara sus fuerzas en el frente de Rusia. El proceso de rearme en esta zona continuó hasta 1944. De hecho, cuando las tropas aliadas desembarcaron en Normandía, los alemanes tenían concentrados en Noruega una guarnición que ascendía a 370.000 soldados. La distracción había surtido efecto.

Jack Churchill, un héroe peculiar

Nacido en 1906 en Hong Kong, Jack Churchill se alistó por segunda vez en el Ejército británico al estallar la Segunda Guerra Mundial. Durante la Gran Guerra se había dedicado a aprender a tocar la gaita, viajar en moto por todo el subcontinente indio e incluso a representar a Inglaterra en el Campeonato Mundial de Tiro con Arco. Y durante el segundo conflicto mundial pronto alcanzó fama de intrépido y algo alocado entre sus hombres. Entre algunas de sus «gestas» destacó especialmente la protagonizada durante el desembarco de Dunkerque. El oficial de su compañía, Tommy Woolsey, fue herido durante la retirada de las tropas británicas y Churchill tuvo que asumir el mando del grupo. El 27 de mayo de 1940 defendió la villa de L'Epinnete, cerca de Bethure, contra un ataque alemán. Y lo hizo de una forma ciertamente original, disparando flechas contra los soldados enemigos armado con un arco de madera de tejo español construido al estilo medieval. Así recogió la curiosa defensa el diario de guerra de la cuarta brigada de infantería:

Una de las incidencias más celebradas de la evacuación de Dunkerque fue la visión del capitán Churchill marchando por la playa con su arco y sus flechas. Sus acciones en el Saar con sus flechas son conocidas por muchos y su disgusto por no haber podido practicar con ellas tanto como le habría gustado ha sido notable. Su ejemplo y buen trabajo con su grupo de ametralladoras han sido una gran ayuda para la cuarta brigada de infantería.

Por su incursión en Noruega recibió su segunda Cruz Militar pero su momento cumbre llegó en otoño de 1943, durante el ataque nocturno a la población italiana de Piegoletti. Al frente de un reducido grupo de hombres, Churchill consiguió infiltrarse en el pueblo y al grito de «¡Comando!» intimidó a los enemigos sin ser descubierto, tan solo con su espada, haciéndose con los puestos de guardia y sin disparar una sola bala capturó a más de 100 soldados alemanes. Por esta acción recibió una nueva condecoración.

Su suerte se torció en 1944 cuando fue apresado por los alemanes en Yugoslavia, tras quedar aislado con seis de sus hombres en el ataque a una posición enemiga. Poco antes, el «Loco Mad» había sacado su gaita y empezado a tocar la canción *¿No volverás?* para animar a sus hombres. Pero finalmente una granada explotó a su lado y le dejó inconsciente. Fue enviado al campo de concentración de Sachsenhausen de donde conseguiría fugarse excavando un túnel por debajo de los muros de la prisión. Estuvo libre dos semanas hasta que la Gestapo volvió a capturarlo.

Al terminar la Segunda Guerra Mundial, Churchill se alistó en el cuerpo de paracaidistas y continuó participando en acciones militares estratégicas, primero en el regimiento Seaforth Highlanders y más tarde en el Primer Batallón de la Highland Light Infantry. Un año después de finalizar el conflicto, este curioso personaje intervino en la película *Ivanhoe*, protagonizando el papel (cómo no) de arquero de Warwick.

El 13 de abril de 1948, Churchill formó parte del comando que se enfrentó con tan solo 12 hombres a los intensos ataques que cientos de árabes realizaron contra el convoy médico Hadassah[5] tras caer en una emboscada. Un total de 79 personas, la mayoría médicos y enfermeras, fueron asesinados en el ataque, que fue interpretado como una represalia por la masacre de Deir Yassin. Tras la matanza, Churchill supervisó la evacuación de 700 pacientes y el personal del hospital.

---

5. En abril de 1948, tras el Plan de Partición de las Naciones Unidas y la previsión de la declaración de independencia de Israel, Jerusalén fue bloqueado por los árabes. En consecuencia, el Hospital Hadassa quedó aislado durante días sin poder recibir suministros ni alimentos. Finalmente, se organizó un convoy de ayuda que sufriría un duro ataque armado por parte de las fuerzas árabes.

En años posteriores, este peculiar y heroico militar trabajó como instructor en la Air Warfare School de Australia. En este país se aficionó al surf y de regreso a Gran Bretaña fue el primer hombre que remontó el río Severn haciendo surf sobre la ola de un metro y medio que la marea lanza tierra adentro. Su pasión por este deporte le llevó a diseñar sus propias tablas de surf e inició una modalidad que dura hasta hoy en día.

Tras retirarse de las fuerzas armadas, en 1996 Churchill falleció plácidamente en su casa de Surrey, al sudeste de Inglaterra.

4

Operación Postmaster

El escenario

Durante la Segunda Guerra Mundial, Guinea Ecuatorial era una colonia africana de España, junto con el Protectorado Español de Marruecos y el Sahara Español. Situada en el Golfo de Guinea, esta colonia se mantuvo hasta 1968 y contaba con un territorio continental de 26.000 kilómetros cuadrados. Sus tierras limitaban al norte con la colonia británica de Nigeria y al sur con la colonia francesa de Gabón. Además, contaba con varias islas: Corisco, Annobón, Elobey y, la principal, Fernando Poo, cuya capital, Santa Isabel de Fernando Poo, disponía del puerto más importante del enclave español en la zona.

Al comienzo del conflicto, España se había declarado neutral y así lo hizo saber su Ministerio de Asuntos Exteriores en un comunicado oficial publicado en el Boletín Oficial del Estado (BOE) el 4 de septiembre de 1939:

> Constando oficialmente el estado de guerra que por desgracia existe entre Inglaterra, Francia y Polonia de un lado y Alemania del otro, ordeno por el presente la más estricta neutralidad a los súbditos españoles, con arreglo a las leyes vigentes y a los principios del Derecho Internacional.

Así que, como país neutral en la contienda, España disponía de un destacamento defensivo más bien pequeño en Guinea. Sus fuerzas constaban de cuatro compañías de la guardia colonial y un total de 700 hombres, un teniente coronel, un comandante, 4 capitanes, 16 tenientes y 35 suboficia-

les y cabos europeos junto con 13 sargentos, 43 cabos y 590 soldados indí-
genas. Solo una de estas cuatro compañías estaba acuartelada en la capital
y sus arsenales contaban con un armamento numeroso pero antiguo y de
escasa utilidad. Así, las fuerzas españolas en Guinea Ecuatorial contaban
con 2 cañones de campaña rusos de 76,2 mm, 2 cañones Krupp de 90 mm,
2 cañones de campaña Scheneider de 75 mm, 2 cañones de montaña de 70
mm Scheneider, 10 morteros Laffite de 60 mm, 2 cañones Puteaux de 37
mm, 2 ametralladoras Hotchkiss de 7 mm, 6 ametralladoras Schwrazloze
de 8 mm, 16 fusiles ametralladores Lewis de 7,7 mm, 4 subfusiles de 9 mm,
10 pistolas Astra de 7,63 mm, 406 fusiles Mauser de 7 mm, 40 carabinas
Mauser de 7 mm, 509 mosquetones Mauser de 8 mm, 122 fusiles Manlin-
cher de 8 mm y 1.900 bombas de mano Breda. De todo ello, las únicas
armas realmente operativas y que ya habían sido disparadas en algunas
prácticas eran los cañones de campaña rusos. Además, todas ellas se alma-
cenaban en un arsenal situado en el otro extremo de la ciudad, en el punto
más alejado del puerto. En cuanto a las fuerzas navales, la colonia española disponía del buque cañonero Dato, botado en 1925, de escasa potencia
y armado únicamente con cuatro piezas de artillería de 4 pulgadas. La
aviación militar brillaba por su ausencia y en el aeródromo de la colonia
tan solo habían tres aeronaves, dos DH-89 o Dragón Rapide y una avioneta que utilizaba el gobernador en sus desplazamientos.

La situación era muy tranquila hasta que al estallar la Segunda Guerra Mundial, Hitler dio órdenes a todos los buques mercantes alemanes
de regresar al país. Y si alguno de ellos no podía hacerlo, debía buscar
refugio en algún puerto neutral. Esta normativa hizo que un buen número de buques alemanes se refugiaran en puertos españoles, dada la neutralidad del país. Así, poco antes de la invasión alemana de Polonia,
atracaron en el puerto de Fernando Poo el buque bananero *Pionier*, así
como las lanchas *Likomba*, de 36 metros de eslora y la *Bibundi*, de 30
metros, ambas con un cargamento a base de cobre y que además trans-
portaban a varios alemanes contratados en las plantaciones de Tiko, en
el Camerún británico y que escapaban de la colonia inglesa ante la situación de guerra. Algunos buques se quedaron en aquel puerto durante un
tiempo y otros partieron enseguida. Fue el caso del *Pionier* que, apenas
dos meses después de llegar, partió hacia Alemania llegando a Hamburgo tras 42 días de epopéyica navegación, sorteando un buen número de
buques de guerra británicos.

Un año después, el 10 de junio de 1940, coincidiendo con la declaración de guerra de Italia a Francia y Gran Bretaña, llegó al puerto de Santa Isabel el vapor mixto de carga y pasaje *Duchessa d'Aosta*. Construido el año 1921 en Triestre, este buque medía 142 metros de eslora y llevaba una carga valorada en 250.000 libras formada especialmente por lana y pieles. La nave no abandonó el puerto en el tiempo previsto por los tratados internacionales así que quedó internada en Guinea junto a su tripulación. Con dos anclas en la proa y amarrado a tierra por dos puntos, un noray del puerto y un punto de amarre construido especialmente para él en la playa, el *Duchessa d'Aosta* permaneció varado durante casi dos años.

Los hombres de Gus

Nacido en la localidad británica de Bramley (West Yorkshire), Geoffrey Appleyard combinó su exitosa carrera académica con el alpinismo y el esquí alpino de competición. En 1939 alcanzó el grado de subteniente en la Royal Army Service Corps (RASC) y un año después se enroló como voluntario en el Comando n.º 7, bajo las órdenes de Gustavus-Henry March-Phillips a quien había conocido en la Operación Dynamo y al que comparaba con el mismísimo vicealmirante de la Marina Real Británica, Francis Drake.

Con su profundo espíritu de entrega y perfeccionamiento, Appleyard llegaría a convertirse en todo un ejemplo para los futuros comandos. Condecorado con una DSO (Distiguished Service Order) y una MC (Military Cross), sus palabras acerca de los comandos son suficientemente elocuentes y animaron a muchos otros a enrolarse en dichas unidades especiales: «Es el mejor trabajo que se puede hacer en el Ejército, una labor que, si se hace bien, puede resultar enormemente útil... Nada de burocracia; nada de papeles. Solo simples operaciones cuyo

Gustavus-Henry March-Phillips

éxito depende principalmente del individuo y de los hombres que se han elegido para llevar a cabo juntos el trabajo... Es algo revolucionario».[1]

En Dunkerque también había estado Jan Nasmyth, quien tras escribir un ensayo titulado «Cómo ganar la guerra» atrajo la atención de Gus que no dudó en enrolarlo a su comando. Nasmyth había teorizado sobre cuántos soldados se podían mantener en territorio enemigo sin establecer contacto con la población local para conseguir alimentos o refugio. Sus propuestas eran perfectas para alguien como Gus que andaba buscando hombres altamente capacitados que sembrasen la destrucción en territorio enemigo.

Appleyard y Nasmyth entraron a formar parte de un exigente programa de entrenamiento diseñado especialmente por el Special Operations Executive (SOE). Comandados por March-Phillipps, en 1941 ingresaron en una nueva fuerza de incursiones costeras, el Comando n.º 62 o Small Scale Raiding Force (SSRF) encargado de operar al otro lado del canal de la Mancha bajo el mando de la SOE. Ese mismo año, los hombres de Gus requisaron un pesquero Brixman (el Maid Honour) que modificaron instalando una cabina de cubierta abatible que escondía un cañón Vickers Mk8 de 2 libras, mientras que en la popa se ocultaban cuatro cargas de profundidad bajo un montón de redes de pesca. La idea de Gus era contar con una embarcación de madera para así no tener que preocuparse de las minas magnéticas. A partir de entonces, se les empezó a conocer como la Maid Honour Force, formada por una treintena de hombres que tenían el cuartel general en Anderson Manor, mansión isabelina del sur de Inglaterra, desde la que organizaban continuas incursiones nocturnas al otro lado del canal en misiones de sabotaje, información y captura de prisioneros para interrogarles.

Las técnicas de Fairbairn y Skyes

El comando de March-Phillipps pasó a la historia por ser una de las principales unidades británicas de operaciones especiales de los primeros

---

1. *Geoffrey. Being the Story of «Apple» of the Commandos and Special Air Service Regiment*, J. E. Appleyard, Blandford Press, 1946.

Un tipo impactante

March-Phillipps, conocido entre sus hombres con el apelativo
de «Gus», tenía un carácter fuerte, decidido y algo arisco. De complexión corpulenta y con el rostro surcado de cicatrices, sabía
cómo tratar a sus soldados quienes le rendían un profundo respeto
y admiración, aunque no tenía la misma habilidad a la hora de tratar con sus superiores. De hecho, los riesgos que corría en las misiones ponía de los nervios a los Servicios de Inteligencia; su indivi-
dualismo y falta de tacto provocó más de un enfrentamiento pero
contaba con el respaldo incondicional de los suyos, dispuestos a
llevar a cabo las acciones más temerosas y arriesgadas bajo su
mando.

El historiador inglés Michael Richard Foot, uno de los auto-
res que más ha profundizado en las incursiones relámpago del
Ejército británico durante la Segunda Guerra Mundial, dijo de
él: «Fue uno de los dos hombres que conocí durante la guerra que
más me impactó. El otro fue Padyy Mayne, miembro del Special
Air Service».

momentos de la Segunda Guerra Mundial. Sus hombres fueron concien-
zudamente entrenados en el manejo de todo tipo de lanchas motoras y
en las técnicas de guerra poco convencionales de los comandos. En este
sentido, existía un programa de instrucción creado específicamente para
utilizar en el Centro de Entrenamiento Especial de Lochailort. Conocido
como «Curso de Asesinato Silencioso», fue ideado en 1940 por el especialista en técnicas de supervivencia y combate cuerpo a cuerpo, William
Ewart Fairbairn, y el instructor Eric Sykes.

Este estaba diseñado para enseñar cómo luchar y matar sin tener
que usar armas de fuego. Un sistema de combate cuyo único propósito
era matar al oponente lo más rápidamente posible, aunque para ello se
utilizaran todo tipo de tácticas «sucias» con el fin de atacar los puntos
más débiles del enemigo.

Este curso exclusivo para comandos constaba de seis sesiones. La
primera se centraba en enseñar una serie de golpes realizados con la par-

te distal de la mano. El objetivo de este método era concentrar la fuerza del golpe en una zona reducida, aproximadamente a medio camino entre la base del dedo meñique y la muñeca. Las prácticas se hacían en muñecos especialmente dispuestos para simular la resistencia ejercida por un cuerpo humano. Se hacía hincapié en seis objetivos: la parte posterior del cuello, directamente en la espina dorsal o en uno de sus lados, desde el puente de la nariz hasta la base de la garganta, ambos lados de la cabeza y la garganta, la parte superior del brazo, el antebrazo y la zona lumbar. Según los instructores, una vez superado este primer nivel un hombre ya era capaz de matar y causar graves heridas al oponente sin necesidad de arma alguna. La segunda sección incluía paradas, golpes en la barbilla, el uso de la rodilla, la cabeza y el codo, así como golpes con la punta de los dedos. A estas alturas, los hombres que habían superado la instrucción ya podían ser considerados como peligrosas armas de matar. Siguiendo con el curso, la tercera sección se centraba en técnicas para liberarse del oponente y escapar en el caso de ser agarrados, mientras que la cuarta parte se trataban los detalles del combate simultáneo contra varias personas. Ambas secciones se ejercitaban en un cuadrilátero de boxeo especialmente habilitado y con golpes reales. La quinta sección se centraba en el uso de armas blancas y la sexta y última incluía un curso avanzado de agarres y golpes, métodos de estrangulación y el uso con fines bélicos de todo tipo de utensilios, desde una cuchilla de afeitar a

Los hombres que superaban la instrucción eran considerados como peligrosas armas de matar.

una simple caja de cerillas. Este curso llegó a impartirse a soldados procedentes de los comandos británicos (del 1 al 11), al Comando n.° 30, al Comando n.° 62 de Gus March-Phillips, así como a elementos de las Compañías Independientes Australianas y SOE, además de muchas otras unidades de élite británicas y norteamericanas. De hecho, podría decirse que Fairbairn y Sykes entrenaron a todo el cuerpo de instructores de las fuerzas especiales angloamericanas durante la Segunda Guerra Mundial.

Los preparativos

Una de las primeras operaciones de los hombres de Gus llegó mientras el comando navegaba por aguas de Sierra Leona peinando discretamente la zona en busca de suministros ocultos para submarinos.

Desde Londres existía la preocupación de que los buques internados en el puerto de Santa Isabel de Fernando Poo salieran a la bahía y abastecieran a los numerosos U-Boot[2] que había en las inmediaciones de Freetown, el principal puerto de Sierra Leona. Si así ocurría, los mercantes aliados podían tener serios problemas.

Para recabar información acerca de los buques amarrados en Santa Isabel, el Servicio de Inteligencia británico desplazó a Guinea Ecuatorial a Charles Guise, un joven del Ejército adscrito al Servicio de Operaciones Especiales Británico, que acudió a la colonia en calidad de mensajero diplomático. Una vez allí, envió información exhaustiva acerca de los buques, sus características, su cargamento, así como un detallado plano con la situación de cada uno en el puerto. Todo se hacía con extremo sigilo y discreción ya que el Foreign Office[3] no quería desequilibrar la neutralidad mantenida hasta el momento por España en el conflicto. Durante esta primera etapa de vigilancia, a Guise le llamó especialmente la atención que las autoridades españolas no hubiesen sellado la radio del *Duchessa d'Aosta*, tal como establecían los tratados internacionales.

---

2. Abreviatura del alemán Unterseeboot. Nombre que hace referencia a los sumergibles y submarinos alemanes desde la Primera Guerra Mundial.

3. Ministerio del Gobierno británico que se ocupa de las relaciones exteriores.

Para ayudarle en las funciones de espionaje, el gobierno británico
envió a Guinea a uno de sus agentes de los servicios secretos. Así, el 30
de agosto de 1941 y bajo el nombre clave de W.25, Richard Lippett llegó
a la isla como técnico empleado de la naviera británica John Holt & Co
y con un visado de tres semanas para reparar determinadas instalaciones
que la compañía tenía en Santa Isabel. Una vez allí, este capitán del Royal Engineers y agente del SOE, entabló contacto con Alfonso Alarcón,
el piloto de la avioneta del gobernador de Guinea con el que realizó varios vuelos de reconocimiento para fotografiar el puerto de Santa Isabel
y los buques fondeados. Con la información clasificada de Lippet, el Almirantazgo británico decidió finalmente enviar al lugar un comando que
neutralizara las naves refugiadas en el puerto de Santa Isabel. La idea
inicial consistía en capturar las embarcaciones alemanas y volar la hélice
del mercante italiano para inmovilizarlo. No obstante, los británicos an-
daban cortos de buques debido al castigo infringido por los submarinos
alemanes, así que finalmente se optó por intentar requisar la nave para
utilizarla en labores de suministro y transporte de las propias mercancías
aliadas.

Bajo el nombre en clave de Operación Postmaster y con el apoyo lo-
gístico de Lagos, la misión se encargó al comando liderado por Gus
Mark-Phillips y formado por una cuarentena de hombres. Los detalles
de la incursión se hilaron en Lagos y se propuso que el comando se divi-
diera en dos grupos. El primero se encargaría en apenas 15 minutos de
anular la radio del *Duchessa d'Aosta*, asaltar y tomar el control de la
nave. A continuación, debían salir del puerto y dirigir la embarcación
hacia aguas internacionales donde les esperaría la corbeta *HMS Violet*,
de la Royal Navy británica, para escoltarlos hacia Lagos. El segundo
grupo, comandado por el teniente Graham Heyes, debía encargarse de
las lanchas alemanas *Likomba* y *Bibundi*. Para llevar a cabo ambas incursiones, la operación contaba con el apoyo del remolcador Vulcan y la
lancha *Nuneaton*, ambos pertenecientes a la marina colonial nigeriana.
El comando estaría formado por 11 tripulantes del remolcador pertenecientes a la Royal Navy, 17 voluntarios pertenecientes al servicio colonial
de Nigeria y 4 miembros del Servicio de Operaciones Especiales, así
como 3 españoles republicanos que habían pertenecido a la legión extranjera francesa, dos pilotos y dos mecánicos ingleses y 14 fogoneros
nigerianos para tripular los buques apresados.

Desde Londres existía la preocupación de que los buques anclados en el puerto de Santa
Isabel de Fernando Poo salieran a la bahía y abastecieran a los numerosos U-Boot.

La cena de Agustín Zorrilla

Tras los preparativos, finalmente el Foreign Office y el Almirantazgo
británico autorizaron la operación fijando la fecha de la incursión el 14
de enero de 1942. Para ello se tuvo en cuenta que aquella noche habría
luna nueva y que el alumbrado público solo funcionaría entre las 6
de la tarde y las 11 de la noche, debido a los problemas de suministro de combustible de la central termoeléctrica de la isla. Además, se
sabía que la noche de la operación el buque cañonero Eduardo Dato,
perteneciente a la clase Cánovas del Castillo y dotado con 4 cañones
Vickers de 106,1/50 mm modelo E, 2 cañones Ansaldo-Armstrong de
76,2/40 mm AA, 2 ametralladoras y 2 cañones de desembarco, se encontraba desplazado en Río Muni (parte continental de Guinea Ecuatorial), así como el vapor intercontinental Gomera, que unía la isla con
la Guinea continental.

Gus y su comando de unos 30 hombres (entre los que se hallaba
Appleyard) más los 11 hombres de las tripulaciones de los remolcadores,
zarparon de Lagos el 11 de enero de 1942 y llegaron a Fernando Poo la
noche del 14. La misión contaba además con un colaborador civil. Se
trataba de Agustín Zorrilla, un antifranquista español que esa misma
noche invitó a cenar en el casino de la ciudad a todos los oficiales italia-

nos y alemanes para que al entrar el comando británico en el puerto no encontrara resistencia alguna. Así que la guardia del buque alemán solo contaba con tres vigilantes nativos cuando los hombres de Gus asaltaron y tomaron el control del *Duchessa d'Aosta*. La operación debía realizarse en apenas 15 minutos pero la misión se demoró algo más debido a la dificultad que el comando encontró a la hora de retirar los amarres del buque. El uso de varias cargas explosivas alertó finalmente a las autoridades españolas y, tras unos momentos de incertidumbre, dieron la alarma y procedieron a encender el alumbrado público. Asimismo, se ordenó poner en batería las piezas rusas de 76.2 mm que estaban en el parque de artillería, aunque tardaron más de media hora en trasladarlas a Punta Fernanda para cubrir la salida del puerto. Aprovechando el revuelo, el español Agustín Zorrilla se ausentó de la cena a fin de evitar represalias y esa misma noche huyó a Camerún.

Consecuencias del incidente

Al día siguiente, el gobernador español dio la orden de armar uno de los dos Dragon Rapide que había en la isla. Con una ametralladora y varias bombas de mano salió a rastrear las costas de Camerún y Gabón con el fin de localizar a los buques desaparecidos. Pero todos sus esfuerzos fueron inútiles.

El 15 de enero de 1942, el delegado de la marina en Santa Isabel envió un cablegrama al jefe del Estado Mayor de la marina en Madrid informando brevemente de la operación:

> A las 23,30 de ayer fueron puestos varios explosivos en el muelle, causando gran alarma. A las 23,55, dado el alumbrado, se notó que los buques refugiados *Duchessa d'Aosta*, italiano, *Likomba*, y otra lancha alemana, habían desaparecido fuera de boyas, remolcadas por un buque desconocido.

Apenas cuatro días después, el Gobierno español envió una nota diplomática a la embajada británica quejándose por la violación de las aguas españolas. En dicho mensaje se indicaba que las tres naves desaparecidas se hallaban internadas en el puerto neutral de Santa Isabel al que habían

Fotografía moderna de Santa Isabel.

acudido buscando refugio y acogiéndose al derecho internacional. Aña-
dían que, según los datos recopilados durante la investigación del incidente, consideraban que la operación había sido organizada y ejecutada
por buques y elementos al servicio de intereses británicos. Terminaban la
nota exigiendo al Gobierno británico la devolución de los navíos secues-
trados, así como las mercancías que custodiaban a bordo. Desde el Almirantazgo, los ingleses respondieron que ignoraban a qué se referían las
autoridades españolas y que ninguna fuerza militar británica o aliada se
hallaba en las inmediaciones del puerto de Fernando Poo en el momento
del incidente. Sin embargo, reconocían que buques de guerra de su flota
habían interceptado en alta mar a las tres embarcaciones del Eje, siendo
apresadas y conducidas al puerto de Lagos en la colonia de Nigeria. La
nota terminaba rechazando la protesta del Gobierno español acerca de
la incursión en Guinea y, al no hacerse responsable de lo ocurrido, dene-
gaba la devolución de las naves enemigas capturadas en alta mar.

Además de la humillación que supuso para el Gobierno español este
incidente, la hábil estrategia británica provocó que el gobierno italiano
se querellase contra España por no saber defender el puerto de Santa
Isabel y garantizar la seguridad de los barcos allí refugiados. El gobierno

El *Duchessa d'Aosta* fondeado.

británico acabó utilizando el buque italiano como transporte de flota y
material de guerra entre Canadá y los puertos ingleses. Tras la guerra, el
Duchessa d'Aosta fue vendido a una sociedad italiana, que lo rebautizó y
matriculó en Roma. Finalmente, fue desguazado en La Spezia en 1952,
terminando su singladura bajo bandera italiana.

A partir de este incidente, el Gobierno de Madrid nombró un nuevo
gobernador general en Guinea, el teniente coronel Mariano Alonso, do-
tándole de una Agrupación del Ejército de Tierra, con personal de infantería, artillería y servicios (transmisiones, intendencia, sanidad y farma-
cia) que quedaría como guarnición hasta el final de la Segunda Guerra
Mundial. Entre la unidades desplazadas estaba el Sexto Tabor, comandada por Francisco Espejo; un batallón de armas de acompañamiento
denominado «Batallón de Armas Automáticas» con dos compañías de
ametralladoras y morteros, al mando del comandante Nicanor Ojeda
Fernández; una compañía de regulares; un grupo mixto de Artillería; y
una sección de Transmisiones. Asimismo, se incrementó el envío de todo
tipo de material de guerra. Entre el material de artillería, se dotó al destacamento con un Orisaka de 107 mm, un Krupp de 9 cm, varios Schneider franceses de campaña de 75 mm y de montaña de 70 mm y un Pou-

teaux de 37 mm. En cuanto al material ligero, el arsenal guineano aumentó considerablemente con el envío de varios morteros Valero de 81 y 50 mm, y Laffite de 60 mm, así como granadas rompedoras y de metralla de artillería, cartuchos de fusil y subfusil La Coruña de 9 mm, ametralladoras Hotchkiss y Schwarzlouse, fusiles ametralladores Lewis de 7 mm, granadas de mano Breda y material de explosivos y fortificación. Parece que España había aprendido la lección y no estaba dispuesta a verse de nuevo sorprendida por una incursión en sus dominios.

5

Operación Biting

El chivatazo de Mayer

Tras la evacuación de las tropas británicas en Dunkerque durante la Operación Dynamo y la rendición de Francia, el Ejército aliado y los alemanes se enzarzaron en una serie de operaciones libradas sobre el cielo británico y el canal de la Mancha. Las fuerzas de la Luftwaffe alemana, comandadas por Hermann Göring, buscaban destruir por completo a la Royal Air Force (RAF) británica para así obtener la superioridad aérea necesaria para invadir las islas. Por su parte, el esfuerzo de los británicos se concentraba en la realización de bombardeos estratégicos contra los alemanes. El Mando de Bombardeo de la RAF llegaría a situar sobre los cielos de Alemania más de 1.000 bombarderos, con una flotilla formada por varios modelos de aeronaves, como los Fairey Battle, los B-17 Flying Fortress, los B-24 Liberator o el peso pesado Avro Lancaster, un cuatrimotor que durante la Segunda Guerra Mundial llegaría a lanzar más de 600.000 toneladas de bombas en un total de 156.000 incursiones. Sin embargo, el precio a pagar de estas operaciones aéreas era cada vez más elevado ya que los alemanes lograban detectar y destruir miles de aparatos enemigos. Algo estaba pasando...

Desde 1937, los Servicios de Inteligencia británicos tenían constancia de que los alemanes estaban desarrollando experimentos de radiolocalización. Sus científicos trabajaban en el diseño de avanzados radiolocalizadores capaces de señalar con precisión la distancia, el rumbo y la altitud de las aeronaves que detectaban. Un temor que acabaron de confirmar en 1939 cuando los Servicios de Inteligencia británicos recibieron un informe que iba a resultarles muy útil en el desarrollo futuro del conflicto. Escrito por el matemático y físico alemán Hans Ferdinand Mayer que firmó el documento como «un científico alemán que está de vuestro lado», el llamado Informe Oslo está considerado como una de las más espectaculares filtraciones de información en la historia de la inteligencia militar. De manera anónima y en forma de dos cartas enviadas a la Embajada británica en Oslo, el documento incluía valiosísima información acerca de los avances técnicos alemanes en cuestión de armamento y tecnología militar.

Por aquel entonces, Mayer ejercía como director de investigación de la compañía alemana, cargo que le facilitaba tener contactos por toda Europa y Estados Unidos, así como acceso a un amplio rango de información sobre desarrollo electrónico en Alemania, especialmente en el sector militar. Tras la invasión de Polonia, el científico decidió contribuir a la derrota de los nazis divulgando los secretos tecnológicos del Tercer Reich a los británicos. Aunque su intención estuvo a punto de caer en saco roto, pues en un principio los Servicios de Inteligencia británicos mostraron cierta indiferencia o incluso incredulidad hacia el documento. Todos menos uno. Por aquel entonces, el joven físico Reginald Victor Jones ejercía de subdirector de inteligencia en el Ministerio del Aire inglés y fue uno de los pocos en afirmar que aquellas dos cartas contenían detalles técnicos que, por su exactitud, debían ser explorados. Así lo reveló en un informe remitido al Almirantazgo:

Hans Ferdinand Mayer.

La contribución de esta fuente al problema actual puede ser resumido en la afirmación que los alemanes están poniendo en uso un sistema de RDF (Radio Direction Finder, nombre británico para referirse al radar) similar al que estamos desarrollando. Una revisión cuidadosa de todo el informe deja solo dos posibles conclusiones: que ha sido planteado para persuadirnos que

los alemanes están tan avanzados como nosotros, o bien, que la
fuente es genuinamente desafecta al régimen alemán y desea decir-
nos todo lo que sabe. La precisión general de la información y el
hecho de que la fuente no haya realizado ningún esfuerzo, hasta
donde se conoce, por explotar el asunto, junto con el subsecuente
curso de la guerra y nuestro reciente despertar con Knickebein, pesa
fuertemente a favor de la segunda conclusión. Parece, entonces, que
la fuente es confiable y manifiestamente competente.[1]

Años más tarde, Jones resumió así la importancia del Informe Oslo:

Fue, probablemente, el mejor informe único recibido de cualquier
fuente durante la guerra. En conjunto, por supuesto, las contribu-
ciones de otras fuentes, tales como el desciframiento de Enigma, fotografías aéreas e informes de la Resistencia, excedieron la contribución de Oslo, pero estas fueron realizadas por organizaciones que
involucraban a muchas, a veces miles, de individuos y que operaron
durante la mayor parte de la guerra. El Informe Oslo fue escrito por
un solo individuo quien en un gran destello nos aportó una breve
mirada sinóptica de mucho de lo que se había prefigurado sobre la
electrónica militar alemana. [2]

La guerra de las ondas

Durante la Segunda Guerra Mundial, tanto ingleses como alemanes sabían
que gran parte de sus posibilidades de salir victoriosos de la contienda pasaba por ganar la batalla tecnológica. Un enfrentamiento que tuvo uno de
sus episodios más sugerentes en la lucha por obtener el sistema más infali-
ble de radiolocalización de aeronaves. Por su parte, los alemanes contaban
con el sistema avanzado de bandas de radio Knickebein, que permitía a los
bombarderos nazis acertar con extremada precisión sobre los objetivos

---

1. *Air Scientific Intelligence Report Nº 7, The Edda Revisited*, 17 July 1940, R. V. Jones, Churchill Archives Centre, Cambridge University, Reginald Victor Jones Papers, RVJO B.24.
2. *Reflections on Intelligence, R. V. Jones, Heinemann, 1989.*

enemigos, incluso durante las horas nocturnas. Este sistema fue el que utilizaron los bombarderos de la Luftwaffe entre los días 19 y 23 de agosto de 1940 durante su devastador ataque sobre las poblaciones de Portsmouth, Bristol, Liverpool, Hull, Newcastle, Glasgow y Edimburgo. Una operación que, a pesar de hacerse de noche y bajo unas pésimas condiciones meteorológicas, se saldó con tan solo seis bajas por parte de los alemanes.

Pero los británicos contaban entre sus filas con el físico Robert Watson-Watt. Este ingeniero y físico escocés condujo al Reino Unido a instalar la primera red de radar para defensa, haciendo de dicho aparato uno de los instrumentos esenciales de los aliados para alzarse con la victoria final. Capaz de localizar la posición de los aviones en pleno vuelo por medio de las ondas de radiofrecuencia, el descubrimiento de Watt enseguida fue desarrollado por los ingleses. De hecho, en un período de dos años se llegaron a levantar hasta 18 torres de capaces de emitir y recibir dichas ondas radiolocalizadoras a lo largo de todo el litoral. La idea de la llamada «Chain Home» era que ningún avión pudiera cruzar el espacio aéreo británico sin ser inmediatamente detectado. No obstante, el radar de Watt todavía no era lo suficientemente avanzado y cometía errores como la incapacidad de detectar con absoluta eficacia los ataques nocturnos como los que asolaron varias poblaciones británicas durante

Robert Watson-Watt fue un ingeniero y físico escocés que condujo al Reino Unido a instalar la primera red de radar para defensa.

la operación alemana conocida como «El Día del Águila» que culminó con el ataque que destruyó buena parte de Londres.

El hallazgo del profesor Jones

En general, durante los primeros años del conflicto, los alemanes llevaban una considerable ventaja en esta guerra de las ondas. Estaba claro que el Tercer Reich contaba con un avanzadísimo sistema de detección que permitía detectar con rapidez las incursiones de los bombarderos británicos. Además del ya citado sistema Knickebein, los alemanes disponían de un radar denominado «Freya» capaz de detectar la presencia de aeronaves a una distancia de hasta 120 kilómetros, así como el Würzburg cuyo espejo parabólico indicaba con exactitud a las defensas alemanas la altura y el rumbo del aparato enemigo (y cuya existencia los británicos desconocían por completo). Este tándem mantenía a raya las incursiones aéreas de los británicos, así que desde el Almirantazgo se propusieron recabar toda la información posible acerca de aquellos sistemas defensivos. Para ello, se encargó a un grupo de expertos en radar y asesores de la Oficina de Guerra averiguar todo lo posible acerca de dichos sistemas.

Bajo las órdenes del profesor Reginald Victor Jones, el equipo contó con la inestimable ayuda del ya citado Informe Oslo, además de la colaboración de la incipiente Unidad de Reconocimiento Fotográfico, bajo el mando del comandante Geoffrey W. Tuttle. Este grupo de pilotos se infiltraban a bordo de sus Spitfire en territorio enemigo arriesgando sus vidas para tomar fotografías de objetivos que luego eran analizadas por el Servicio de Inteligencia. Aquellas incursiones revelaron al equipo de Jones que, efectivamente, desde el cabo Norte hasta el golfo de Vizcaya, los alemanes habían dispuesto una red de instalaciones radiolocalizadoras que prevenía al Ejército alemán de cualquier movimiento aéreo por parte de los británicos.

En una de las incursiones fotográficas de los hombres de Tuttle, se capturó una imagen que llamó especialmente la atención del profesor Jones. A primera vista, la imagen mostraba claramente la presencia de un radar Freya en las cercanías de Bruneval, localidad francesa situada en la rocosa costa del canal de la Mancha, al lado de la playa. Pero se adivinaba además un pequeño objeto de forma parabólica que levantó las sospechas del equipo de científicos. Jones solicitó un par de vuelos más de reconocimiento y finalmente pudieron comprobar de qué se trataba. Las imágenes mostraban un reflector parabólico de unos 10 metros de diámetro que contrastaba con el resto de radares de la época, que utilizaban grandes estructuras planas. Acababan de descubrir el radar Würzburg. Muy avanzado para la época, utilizaba señales con una longitud de onda de 50 cm y una antena rotativa que le permitía mostrar la altura y el número de aviones en un radio de 40 km. La Luftwaffe llegaría a disponer de 5.000 Würzburgs como complemento del radar Freya en la labor de prestar ayuda a las baterías antiaéreas alemanas. Ambos aparatos formaban la llamada «Defensa Himmelbett», un avanzado sistema de detección y defensa que era todo un alarde de tecnología para aquella época. El Tercer Reich disponía de una buen número de estaciones equipadas con este sistema, diseminadas por toda la costa de la Europa ocupada. Cada una tenía instalados un radar Freyar y otro Würzburg. El primero se encargaba de localizar los bombarderos que se acercaban y lanzaba un aviso al radar Würzburg. Este orientaba su parabólica hacia la dirección indicada y en cuanto el aparato se acercaba lo suficiente, lo comunicaba a un caza equipado con radar que, aunque sobrevolara cielo nocturno, era capaz de localizar el objetivo. A partir de aquí, el avión se acercaba normalmente por encima de la aeronave detectada y desde esta posición realizaba un vuelo en picado barriendo con sus ametralladoras al bombardero desde la cola hasta el morro.

Con la ayuda del sistema Himmelbett, los alemanes lograban derribar infinidad de aparatos de la RAF. Por eso, cuando Jones analizó las fotografías tomadas en Bruneval enseguida se planteó la posibilidad de capturar algunos componentes de este sistema para poder diseñar las correspondientes contramedidas que neutralizaran su efectividad.

El asalto a Bruneval

Durante la Segunda Guerra Mundial, el físico nuclear Wilfrid Bennet Lewis ejercía como jefe superintendente del Centro de Investigación de Telecomunicaciones de la RAF. Le unía una estrecha amistad con el profesor Jones, al que no dudó en consultarle acerca de la posibilidad de lan-

Mountbatten consideró que la mejor opción era lanzar un primer ataque
aerotransportado y un rescate por mar.

zar una operación militar con el fin de desmantelar el equipo de radar detectado en Bruneval y retirar varias piezas para enviarlas a Gran Bretaña.
Militares y científicos no siempre tiene una relación fluida y Jones consideraba que debía contar con un buen apoyo a la hora de presentar su propuesta en el Almirantazgo. Lewis era la persona ideal, pues gracias a su
cargo mantenía una estrecha colaboración con las más altas cúpulas del
Ejército británico. Finalmente, con el apoyo del físico nuclear, Jones presentó su propuesta a Lord Louis Mountbatten, jefe de Operaciones Combinadas a quien precisamente por aquel entonces Churchill le había encomendado «examinar las posibilidades y proyectar las líneas principales de
un plan de ataque a Europa a través del canal de la Mancha». Consciente
del daño que estaban causando los sistemas de defensa y ataque aéreos de
los alemanes, a Mountbatten le pareció muy acertada la propuesta de Jones y enseguida solicitó la autorización al Comité de Estados Mayores que
no tardó en aprobar el inicio de la llamada Operación Biting.

El objetivo no era fácil. El radar en cuestión estaba situado en lo alto
de un escarpado acantilado, por lo que un ataque anfibio era prácticamente imposible ya que la operación se demoraría demasiado. El éxito
en este tipo de incursiones era plantear un ataque relámpago que sor-
prendiera al enemigo y no le dejara prácticamente margen de reacción.
Además, según informes del Servicio de Inteligencia, la estación estaba
vigilada día y noche, contaba con una guarnición permanente de unos
130 hombres y estaba fuertemente rodeada de unas elevadas vallas metá-

El objetivo de los hombres de Mountbatten era un radar situado en lo alto
de un escarpado acantilado.

licas. Así que finalmente, Mountbatten consideró que la mejor opción
era lanzar un primer ataque aerotransportado y un rescate por mar.

Con esta idea, el 8 de enero de 1942, el jefe de Operaciones Combinadas británico contactó con el mayor general Frederick Browning de la Primera División Aerotransportada y con el Capitán de Grupo Nigel Norman, comandante en jefe del Ala 38 de la RAF para encomendarles a sus
unidades el asalto aéreo a la estación de Bruneval. Tras la reunión, se con-
vino que la operación debía realizarse lo antes posible y se fijaron un mes
para realizar los debidos preparativos. Como el Ala 38 era una unidad de
reciente creación, todavía no disponía de aeronaves ni tripulación entrenada, así que se encomendó la operación al 51.º Escuadrón, bajo el mando del capitán Percy Charles Pickard, quedando Norman al mando general de la misión. Pickard era un piloto especializada en ataques de
precisión a muy baja altura, habilidad por la que recibió múltiples condecoraciones a lo largo de su carrera militar hasta perder la vida a bordo
de su Mosquito durante el transcurso de la Operación Jericó, un bombardeo aliado a bajo nivel sobre la prisión de Amiens realizado el 18 de febrero de 1944 con el fin de liberar a varios miembros de la resistencia francesa
y presos políticos, de los cuales 120 iban a ser ejecutados al día siguiente.

Por su parte, la Primera División Aerotransportada de Browning
únicamente disponía de dos batallones de paracaidistas, de los cuales

solo uno estaba al cien por cien de entrenamiento y capacidad operativa. Como alternativa, se encomendó la misión a la Compañía C del 2.º Batallón de Paracaidistas comandado por el teniente coronel John Dutton Frost. El coraje y la figura en general de este hombre era todo un referente entre los hombres del cuerpo de paracaidistas británicos, una pieza clave para que la operación se desarrollara con éxito. Dos años más tarde participaría en la que se considera la mayor operación aerotransportada aliada de la Segunda Guerra Mundial, la Operación Market Garden que llegó a involucrar un total de 10.000 soldados. El apoyo por mar fue encomendado al comandante F. N. Cook de la Armada Real Australiana que junto a 32 hombres pertenecientes a Cuerpo de Fusileros Reales y la Tropas de Frontera del Sur de Gales se encargaría de cubrir el rescate de los comandos paracaidistas.

El entrenamiento de los hombres de Frost se llevó a cabo en las instalaciones de Salisbury Plain, en Wiltshire, para más tarde trasladarse a Inveraray (Escocia), donde practicaron embarques nocturnos en lanchas de desembarco. Después regresaron a Wiltshire donde ensayaron los saltos con la ayuda de la tripulación del 51.º Escuadrón de Pickard. El entrenamiento de los hombres de Frost se completó con una serie de asaltos a una reproducción a escala de la estación de radar, construida a base de imágenes facilitadas por la Unidad de Interpretación Fotográfica.

La habilidad decisiva de Cox

Los entrenamientos iban viento en popa pero todavía faltaba una de las piezas fundamentales de la operación. ¿Quién se iba a encargar de localizar y desmontar el radar alemán para su traslado? La misión se encargó a un ingeniero especialista en este tipo de aparatos, Charles William Cox. Como no pertenecía a la RAF, requirió de un adiestramiento específico en saltos de paracaidismo para más tarde recibir entrenamiento en el montaje y desmontaje de un aparato de radar en el mínimo tiempo posible, una habilidad que iba a ser decisiva…

Finalmente, y tras aplazar varias veces la fecha por culpa de las malas condiciones meteorológicas, la tarde del 27 de febrero de 1942, la fuerza naval del comandante Cook partió de las costas inglesas, mientras que aprovechando el cielo despejado y la excelente visibilidad proporcionada por la luna llena, aquella misma noche partieron los doce bombarderos AW38 Whitley del 51.º Escuadrón. A bordo iban los hombres de Frost con el paracaídas sujeto a la espalda y el rostro pintado de negro. El comando estaba dividido en cinco grupos de 40 hombres cada uno a los que Frost designó con el nombre de un almirante famoso de la Royal Navy: Nelson, Drake, Jellicoe, Rodney y Hardy.

El grupo Nelson se encargaría de limpiar y asegurar las posiciones alemanas en la playa de evacuación; los hombres de los grupos Drake, Jellicoe y Hardy capturarían la estación de radar, así como la casa donde residían los técnicos de radar de la Luftwaffe y el destacamento de la Wehrmacht. Por su parte, el grupo de Rodney actuaría como fuerza de reserva, situada entre el radar y la ruta más probable de refuerzo para así poder boquear un posible contraataque.

Tras una hora y media de vuelo atravesando el canal de la Mancha, el sistema Himmelbett alemán detectó su presencia y enseguida empezaron a recibir un intenso fuego antiaéreo. El primero en saltar fue el comandante Frost. El lanzamiento de la mayoría de hombres fue un éxito ya que consiguieron caer en la zona marcada del objetivo, excepto una parte del grupo de reserva Rodney que aterrizaron a unos 3 kilómetros de distancia. Una vez en tierra, el comando se dirigió sigilosamente hacia el objetivo. Las inmediaciones de la estación de radar parecían tranquilas y los hombres de Frost penetraron en el edificio custodiado del radar. Tras un cruce de disparos, los comandos Drake, Jellicoe y Hardy se hicieron con el control de la situación y el ingeniero Cox empezó enseguida a fotografiar el aparato desde todos los ángulos posibles. Tan solo contaba con 30 minutos para desmontar y trasladar al exterior el radar. Transcurridos 10 minutos, una fuerte explosión sacudió el recinto. Un destacamento de alemanes estaba lanzando disparos de mortero sobre la estación para repeler la incursión británica. Cox empezaba a perder los nervios porque no estaba acostumbrado a situaciones de guerra y bajo una auténtica lluvia de proyectiles siguió desmontando hábilmente el Würzburg. Finalmente, el radar fue cargado en un carro desmontable y el comando empezó a descender hacia la playa. Afortunadamente, los hombres del grupo de reserva que habían caído 3 kilómetros más allá del objetivo llegaron a tiempo para cubrir la retirada del grupo comandado por Frost. Pero al llegar a la playa, cuál fue su sorpresa cuando se percataron que no había ninguna lancha de embarque esperándoles. Desespe-

El entrenamiento de los hombres de Frost se llevó a cabo en las instalaciones de Salibury y Plain, en Wiltshire.

rados, lanzaron varias bengalas de alerta mientras las ametralladoras alemanas no dejaban de disparar.

Hacia las 2:15 de la madrugada, los hombres del grupo Nelson asaltaron y desactivaron el nido alemán. Acto seguido, seis lanchas de desembarco británicas aparecieron entre las oscuras aguas abriendo fuego contra un grupo de soldados alemanes que descendía por el acantilado. Finalmente, los hombres de Frost pudieron embarcar el radar y regresaron a Gran Bretaña sin más incidentes con la fuerza escoltada por cuatro destructores y un vuelo de cazas Supermarine Spitfire.[3] La pérdida de vidas en ambos bandos ascendió a dos británicos y cinco alemanes.

Una vez en poder de los ingleses, Jones pudo estudiar en profundidad el radar confiscado y averiguar cuál era su punto flaco: el aparato únicamente podía utilizar una longitud concreta de onda, así que bastaba perturbar dicha onda para inutilizar el radar por completo, como así hizo Jones y su equipo de científicos logrando a partir de entonces que el bando aliado tomara cierta ventaja en la llamada «guerra de las ondas».

3. Este caza monoplaza británico fue utilizado en la Segunda Guerra Mundial como un eficaz interceptor de corto alcance y gran velocidad gracias al especial diseño de su ala elíptica. Participó en los teatros Europeo, del Pacífico y en el del Sudeste Asiático.

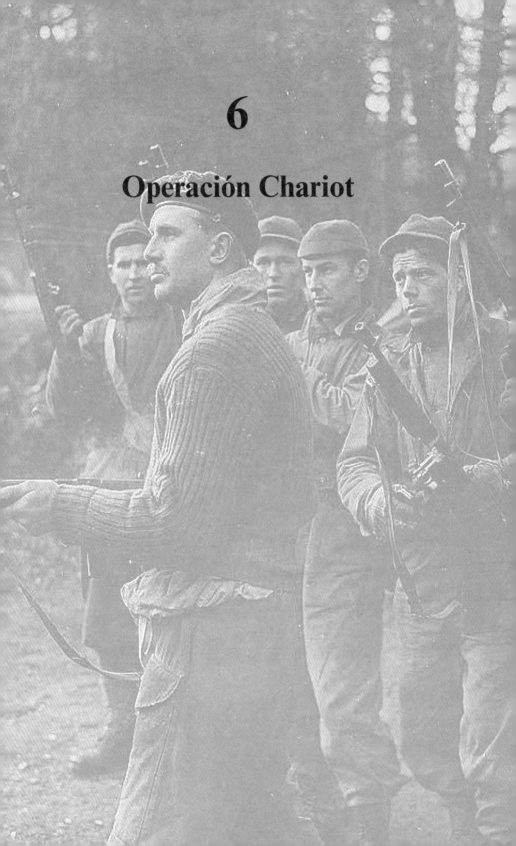

6

Operación Chariot

El dique estratégico de Saint-Nazarie

«La batalla del Atlántico fue el factor dominante durante toda la guerra. Nunca, ni siquiera un momento, podíamos olvidar que todo lo que se desarrollaba en cualquier otro sitio; en tierra, en agua o en el aire; dependía en último extremo de la solución que tuviera la batalla del Atlántico.» Así se refería Winston Churchill en sus memorias a la importancia vital que tuvo para el desarrollo de la Segunda Guerra Mundial.

Tras el fracaso de la Operación León Marino, Hitler cambió su estrategia para doblegar la resistencia británica e impuso el bloqueo marítimo en el canal de la Mancha con el fin de atacar y controlar las rutas de suministro de las fuerzas aliadas. Para ello, la Kriegsmarine disponía de sus temibles submarinos U-boot, además de dos acorazados gemelos, el *Bismarck* y el *Tirpitz* que por aquel entonces eran los mejor dotados en cuanto a potencia y armamento. Botado en 1939, el Bismarck solo estuvo ocho meses de servicio e intervino en una única operación ofensiva, de nombre Rheinübung, en mayo de 1941. Finalmente, fue hundido en la batalla del estrecho de Dinamarca tras un ataque conjunto de aviones torpederos Fairey Swordfish[1] del portaaviones británico *HMS Ark Royal*. Por su parte, la presencia del acorazado *Tirpitz* (nombrado así en honor al almirante Alfred von Tirpitz, artífice de la Marina Imperial Alemana),

---

1. Este avión torpedero fue muy utilizado por la Royal Navy y tuvo especial protagonismo en el ataque a la base naval de Tarento (Italia), hundiendo al acorazado Littorio.

seguía generando inquietud en el Almirantazgo. El buque podía desplazar casi 43.000 toneladas de peso con una velocidad máxima de 29 nudos
y disponía de ocho piezas artilleras de 380 mm en cuatro torres dobles,
dos a popa y dos a proa; 12 cañones de 150 mm y 16 de 105 mm; 16 cañones rápidos de 37 mm y más de 70 de 20 mm antiaéreos. Refugiado en
los fiordos noruegos a la espera de recibir órdenes de ataque, obligaba a
los aliados a mantener en la base naval de Scapa Flow un considerable
destacamento en previsión de sus posibles incursiones.

Otro excelente refugio para las fuerzas navales alemanas se encontraba en el puerto de Saint-Nazarie, en la cosa francesa del Atlántico, concretamente en la desembocadura del río Loira. Su gran valor estratégico
residía en que disponía de un dique seco enorme (el dique Normandie),
capaz de recibir buques de gran tonelaje como el *Tipitz* en caso de que
necesitara ser reparado tras un ataque. Los británicos intuían que si dejaban fuera de combate ese dique, los alemanes dejarían de desplazar
buques de guerra a la zona.

Así que las fuerzas aliadas marcaron como objetivo prioritario la
destrucción de las instalaciones portuarias de Saint-Nazarie. Una misión que no iba a resultar nada sencilla. Era prácticamente imposible
inutilizar la enorme esclusa que protegía el dique mediante un ataque
aéreo. Se requería una fuerza más contundente y directa. Finalmente, se

USS Buchanan.

decidió utilizar un destructor cargado de explosivos para incrustarlo
contra el dique durante una incursión respaldada por comandos.
El encargado de destruir el dique sería el *HMS Campbeltown*, un
antiguo destructor de cuatro chimeneas de la US Navy al que se le quita-
ron dos de ellas y se enmascaró para que pareciese un destructor de las
fuerzas alemanas. Al mando de la nave estaría el teniente Stephen H.
Beattie que contaría con el apoyo del Comando n.º 2 al mando del teniente coronel A. C. Newman y hasta 18 grupos de demolición elegidos
entre las filas de los Comandos números 1, 3, 4, 5, 9 y 12. En total, las
fuerzas británicas de la operación estarían constituidas por los destructores *HMS Campbeltown*, *HMS Atherstone* y *HMS Tyndale* y 18 lanchas
motoras a bordo de las cuales embarcarían más de 600 comandos, res-
paldados en todo momento por los cazas Spitfire de la RAF.

Un astuto engaño

El grupo de demolición encargado de destruir el dique de Saint-Nazarie
inició rápidamente su entrenamiento en Escocia y Gales, centrando su
trabajo en el ataque contra instalaciones portuarias. Por cierto, unas instalaciones que los alemanes defendían con la presencia de unos 5.000
hombres más otros 1.000 de las dotaciones de las baterías del estuario.
Toda la zona de los diques estaba fuertemente protegida por esta brigada
antiaérea que contaba con cañones de 88 mm, así como 13 cañones de 40
mm alternados con 28 ametralladoras de 20 mm. A esto había que su-
marle los cañones del Batallón III, dos buques armados y un batallón de
artillería de costa con cañones de gran calibre que protegía el estuario
del Loira. Al frente de esta poderosísima dotación se hallaba el comandante Zuckschwerdt, cuyo cuartel general se encontraba en La Baule, en
la costa al norte de la base, mientras que la sección antiaérea corría a
cargo del capitán Mecke, cuyo cuartel general se encontraba en Saint
Marc.
     Tras finalizar el entrenamiento, el contingente de comandos fue tras-
ladado a Falmouth desde donde se daría inicio a la operación. A las 14
horas del 26 de marzo de 1942, el convoy de fuerzas aliadas zarpó del
puerto británico de Falmouth. El recorrido era considerable y les esperaba una distancia de 800 kilómetros hasta Saint-Nazarie, a una velocidad

de 14 nudos en formación de tres columnas, en cuyo centro se situaron los tres destructores y la lancha cañonera *MGB 314*. El viaje fue relativamente tranquilo y solo se vio perturbado por un par de incidentes. Al segundo día de navegación, el convoy avistó un submarino alemán en superficie. Uno de los destructores abrió fuego y después lanzó varias cargas de profundidad para ahuyentarlos. Más tarde se cruzaron con unos pesqueros franceses y tras inspeccionarlos, se decidió que la dotación de uno de ellos pasara a bordo del destructor *Atherstone*. Durante la tarde del 27 de marzo, mientras el convoy se acercaba a la costa francesa, los destructores de apoyo finalmente se retiraron.

Al anochecer, la flota restante con los comandos a bordo se dispuso a penetrar en el estuario del río Loira. Mientras cubrían los 8 kilómetros que les faltaban para llegar al puerto de Saint-Nazarie, los Spitfire británicos debían realizar un bombardeo de distracción. Aquella noche las condiciones de visibilidad eran pésimas y la escuadrilla enseguida suspendió el bombardeo ya que habían recibido órdenes de evitar bajas civiles francesas durante la incursión. Aquel comportamiento de los cazas llamó especialmente la atención del comandante alemán Mecke, al frente de las baterías antiaéreas. Sospechaba que los británicos tramaban una operación encubierta y a medianoche envió un comunicado a todos los puestos de mando: «la actuación de los aviones enemigos es inexplicable y hace sospechar posibles ataques de paracaidistas».

Por su parte, el capitán Burhenne al frente del batallón alemán que vigilaba la orilla este del río fue el primero en detectar el convoy de naves británicas navegando a velocidad moderada con rumbo al puerto. Tras su aviso al cuartel general y cuando apenas faltaban 10 minutos para llegar al puerto, varios reflectores se encendieron en ambas orillas.

La incursión había sido descubierta pero los británicos guardaban un as en la manga. Gracias al libro de códigos capturado durante la Operación Archery, un marinero especialmente entrenado, intercambió señales luminosas con los puestos alemanes. El plan consistía en aparentar que eran un convoy alemán que llegaba en misión secreta. Los alemanes desconfiaron y lanzaron dos salvas, a lo que desde el *Campbeltown* se respondió con otro mensaje: «Esperen. Urgente. Dos barcos dañados por fuego enemigo, permiso para entrar en el puerto cuanto antes». El engaño no tuvo el efecto esperado y los alemanes abrieron fuego sin más dilación. Pero la maniobra había proporcionado a los británicos los cin-

Saint-Nazarie, en la costa francesa del Atlántico, era un excelente refugio
para las fuerzas navales alemanas.

co minutos que necesitaban para atravesar la zona protegida por las baterías alemanas más pesadas. Una vez descubiertos, la flotilla inglesa abrió fuego para cubrir el avance a toda máquina de su destructor cargado con un sistema especial de detonación. El capitán Beattie ordenó aumentar la velocidad del buque a 20 nudos y a la 1:34 de la noche, el *Campbeltown* impactaba con fuerza contra la esclusa del dique seco de Saint-Nazarie. Empezaba la parte más delicada de la operación.

Un precio demasiado alto

Aprovechando la gigantesca nube de humo que había levantado el brutal impacto del destructor contra la esclusa, los comandos descendieron y se abrieron paso asegurando la zona y destruyendo varios puestos de artillería alemana. Había llegado del momento de los hombres que se encargarían de la demolición de las instalaciones portuarias. Divididos en tres grupos, un primer equipo de ocho hombres comandado por el teniente Swayne se encargó de destruir las compuertas y el puente levadizo de la entrada sur con el apoyo del teniente Venderwerve y cuatro hombre más. En ese mismo grupo, los hombres del capitán

Bradley se encargaron de acabar con las compuertas centrales de la
entrada sur, mientras que el comando del teniente Walton destruía
la compuerta norte y los hombres del teniente Wilson atacaban la instalación de las calderas y la planta hidráulica. Aparte de las fuerzas de
demolición, este primer grupo también contaba con dos unidades
de asalto comandadas por los capitanes Hodgson y Pritchard que se
encargaron de destruir posiciones de artillería en el embarcadero este y
formar posición de fuego de apoyo al final del malecón. En cuanto al
segundo grupo, el teniente Woodcock y ocho hombres se encargaron
de destruir las compuertas y el puente elevado en el extremo norte del
muelle de submarinos. Otros doce hombres comandados por el teniente Peyton se hicieron con las posiciones de artillería en las torres adya-
centes al puente, mientras que el comando del capitán Hooper fijó su
objetivo en la destrucción de dos posiciones de artillería al norte del
Viejo Muelle, además de desactivar todos los barcos del dique seco.
Finalmente, el grupo 3 contaba con los hombres del teniente Brett encargados de destruir las compuertas internas del dique, con los hombres del teniente Stutchbury dedicados a desactivar posiciones de artillería al este de la compuerta exterior; y los comandos del capitán Roy
y el teniente Chant, cuya misión era destruir posiciones de artillería de

En muchas misiones los comandos fueron diezmados debido a la complejidad
de las operaciones.

la estación de bombeo, formar una cabeza de puente para cubrir la retirada de los distintos grupos hacia el norte y hacer frente a cualquier
elemento hostil procedente de la base de submarinos. Más tarde, el propio Chant recordaba el momento del desembarco tras la colisión del
Campbeltown: «Me había cortado las manos con unos pequeños cascotes y me resultaba muy molesto manejar las cargas, pero el sargento
Dockerill estaba conmigo en el caso de que mis heridas me impidiesen
hacerlas estallar. Mientras, ordené al resto del grupo que trepara por
las escaleras para protegerse ante la proximidad de la explosión. Corrimos afuera y nos lanzamos al suelo, completamente expuestos, sobre el
pavimento de cemento. Afortunadamente, nos desplazamos otros diez
metros y un segundo después la explosión levantó por los aires enormes bloques de cemento que zumbaban peligrosamente cerca. Después
de la explosión pusimos los explosivos sobrantes en nuestras mochila y
regresamos a la estación de bombeo para completar el trabajo de destrucción volando los motores eléctricos y las instalaciones».[2]

La complejidad del asalto era considerable debido al gran número de
comandos y la variedad de misiones a realizar en poco tiempo.

Las explosiones se sucedían una tras otra, provenientes de los distintos puntos de demolición. Mientras, los alemanes defendían sus instalaciones desde los techos de los edificios, desde las baterías y varias embarcaciones distribuidas por el puerto e incluso seis de ellas dentro del
mismo dique seco.

Poco a poco, los comandos se vieron diezmados y muchos de ellos
no pudieron alcanzar los objetivos previstos. Ante esa eventualidad, las
órdenes eran regresar al Viejo Muelle y reunirse con el grupo del Cuartel
general de Newman mientras esperaban ser recogidos por las lanchas
motoras. Pero la mayoría de ellas habían sido destruidas o barridas por
los disparos de cañones pesados, ligeros y de ametralladoras alemanas.
Las posibilidades de evacuación eran prácticamente imposibles y finalmente Newman ordenó a los supervivientes dividirse en pequeños grupos e intentar llegar por tierra a la frontera española. La mayoría de ellos
cayeron abatidos o prisioneros. El mismo Newman al frente de 20 hombres fue apresado y únicamente cinco comandos consiguieron escapar

2. *Comando*, Peter Young, Ed. San Martin, 1975.

indemnes. En total, de los 622 hombres que formaron parte de la misión, solo 228 llegaron a Inglaterra. La Operación Chariot se saldó con un total de 169 soldados británicos muertos, de los que 105 pertenecían a las fuerzas navales y 64 a los comandos de tierra. Por otra parte, otros 215 hombres de la misión cayeron prisioneros, de los que 106 eran marineros y 109 comandos que fueron enviados a un campo de prisioneros de Rennes. Definitivamente, el precio a pagar había sido altísimo.

A la mañana siguiente del ataque, mientras los alemanes inspeccionaban el buque incrustado en la esclusa del dique seco, las 4,5 toneladas de explosivos instaladas en su interior estallaron con violencia gracias a su espoleta retardada. La explosión fue tan violenta que destruyó por completo el dique Normandie y provocó además la muerte de 40 alemanes, entre soldados y marineros. A pesar de los interrogatorios a los que habían sido sometidos los comandos apresados, ninguno de ellos había desvelado la secreta carga del *Campbeltown*. El propio Beattie, que había sido apresado durante el transcurso de la operación, estaba presente cuando estalló su buque. «Ustedes no saben lo robusta que es una compuerta; es inútil tratar de destruirla con un barco tan pequeño», le había dicho en tono burlón un oficial del Abwehr.[3] Cuanto de repente estalló la nave y el dique saltó en pedazos, el capitán Beattie le respondió satisfecho: «Esto es una prueba evidente de que hemos tenido en cuenta la solidez de la compuerta...».[4]

Horas más tarde, hacia el mediodía, también estallaron los dos torpedos lanzados contra el antiguo acceso al puerto de Saint-Nazarie, culminando así la Operación Chariot y destrozando un punto clave de las fuerzas navales alemanas en el Atlántico. Un éxito que el mismo Lord Louis Mountbatten reflejó en una carta dirigida al teniente Newman tras su liberación como prisionero de guerra en 1945:

Habiendo estado asociado a lo largo de mi carrera a prácticamente todas las operaciones combinadas, desde pequeños asaltos protagonizados por solo dos hombres hasta el desembarco en Normandía,

3. Organización de inteligencia militar alemana del Estado mayor de las fuerzas armadas alemanas hasta el final de la Segunda Guerra Mundial.
4. *El último viaje del HMS Campbeltown, ABC*, 28 de diciembre de 1975.

no tengo reparos en decir que el mejor y el que mayores resultados produjo de todos ellos fue nuestro ataque en Saint-Nazarie.

Definitivamente, la Operación Chariot supuso una inyección de moral para las tropas británicas, en un momento en que el Tercer Reich parecía invencible. De hecho, la incursión enfureció a Hitler de tal forma que ordenó la inmediata destitución del general Carl Hilpert, comandante en jefe del Oeste. También encargó que se reforzaran las defensas de la costa atlántica para evitar nuevos ataques de los comandos.

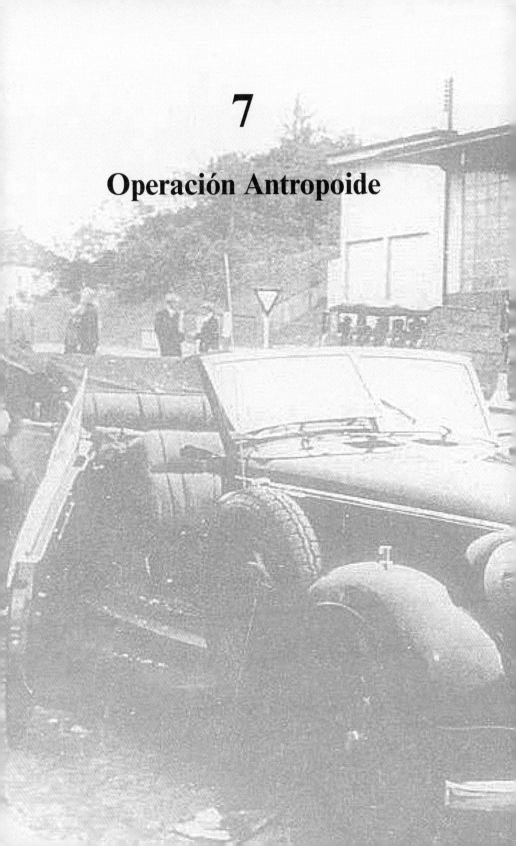

7

Operación Antropoide

La temible «bestia rubia»

Nacido en 1904 en el seno de una familia de clase acomodada, Reinhard Heydrich se enroló con apenas 18 años en la Marina de la agitada República de Weimar, antes de la llegada al poder de Hitler. A las órdenes del almirante Winhelm Canaris, se especializó en radiofonía y prestó servicios como oficial de información en la base naval de Kiel. Por aquel entonces, Heydrich ya se caracterizaba por un profundo sentimiento antisemita y en 1931 se afilió al partido nazi con sede en Hamburgo. Por su personalidad agresiva y fuertemente competitiva, el comandante en jefe de las SS y más tarde ministro del Interior Heinrich Himmler enseguida se fijó en él y lo nombró Sturmbannführer.[1] En este departamento, Heydrich organizó una eficiente red de espías en los órganos de seguridad internos del Tercer Reich.

Su ambición no tenía límites y en 1936 consiguió ser nombrado jefe de la Policía de Seguridad del Reich y de la Gestapo, haciéndose cargo de la Reichssicherheitshauptamt (RSHA)[2] en la que, por orden de Himmler habían sido centralizadas la Oficina Estatal de la Policía de Seguridad (Gestapo y Policía de Investigación Criminal) y la Oficina de Seguridad del NSDAP, y desde el cual fueron dirigidos todos los órganos oficiales y

---

1. En las Waffen SS equivalía a comandante.
2. Oficina Central de Seguridad del Reich, encargada de luchar contra los «enemigos» del Reich (judíos, masones, comunistas...).

secretos de la policía y de seguridad del Reich. Tal como decía el propio Heydrich, se convirtió en «el máximo encargado del vertedero de basura del Reich alemán», desde el que se convirtió en un implacable azote de los activistas antinazi de la época.

Conocido entre los suyos como la «bestia rubia», Heydrich siempre estaba al frente de los actos más violentos del régimen nazi, desde la guerra ideológica frente al comunismo hasta la racial contra los eslavos y los judíos, siendo además uno de los principales artífices de la tristemente célebre «solución final» de la cuestión judía en Europa. El exterminio definitivo de los judíos polacos fue bautizado en su honor como la «Operación Reinhard», pues su participación resultó fundamental en la organización de los asesinatos en masa y de la opresión general nazi en Europa. Dicha operación duró hasta finales de 1942 y supuso la construcción de tres campos de exterminio (Treblinka, Sobibor y Belzec) donde perdieron la vida por asfixia directa del gas Zyklon B casi 2 millones de personas. En cuanto a la llamada solución final que acabó de forma sistemática con la vida de millones de personas en los campos de exterminio nazis, Heydrich recibió en 1941 el encargo de iniciar las acciones para llevarlo a cabo. Fue exactamente el 31 de julio de 1941 cuando Hermann Göring, lugarteniente de Hitler y comandante supremo de la Luftwaffe remitió una carta a Heydrich en la que decía:

Complementando la tarea que le fuera encomendada a usted por Decreto del 24.1.1939, para llegar en la cuestión de los judíos a una solución lo más favorable posible, según las circunstancias actuales en forma de su emigración y evacuación, le encargo por la presente tomar todas las medidas preliminares necesarias de organización y de índole material para la solución integral del problema judío dentro de la zona de influencia alemana en Europa... Le encargo, además, presentarme a la brevedad un proyecto integral referente a tales medidas para dar cumplimiento a la deseada solución final del problema judío.[3]

---

3. *Die Vernichtung der europäischen Juden* (La aniquilación de los judíos europeos), Raul Hlberg, Fischer, 1990.

Reinhard Heydrich.

Entre los máximos dirigentes del Tercer Reich se admiraba su capacidad ejecutora, sus dotes de liderazgo, eficiencia y sangre fría. No le temblaba la mano a la hora de llevar a cabo las acciones más contundentes, por muy duras y sanguinarias que fueran. El mismísimo Hitler llegó a decir de él que tenía el corazón de piedra.

La temible mano dura de Heydrich era el instrumento perfecto para los fines del Tercer Reich y en 1941 Hitler reclamó su presencia en el Protectorado de Bohemia y Praga para que mantuviera a raya los incesantes brotes de la resistencia en su población a base de huelgas, revueltas, sabotajes e insumisiones. Hasta el momento, los intentos del gobernador Konstantin von Neurath parecían inútiles y el Führer optó por sustituirlo. A su llegada, Heydrich se erigió en una especie de sanguinario virrey, implantó la Ley Marcial e inició una durísima política represiva contra los miembros de la resistencia. El total de ejecutados durante su mandato superó la detención de 4.000 personas de las que gran parte fue enviada al campo de concentración de Mauthausen. Incluso llegó a detener y fusilar al primer ministro Alois Elias, miembro del gobierno impuesto por los propios alemanes.

Instalado en el Castillo de Praga, Heydrich se aplicó a diezmar la resistencia checa mientras contentaba a la población aumentando los beneficios laborales más populares (reducción del horario, aumento de salarios, introducción de la seguridad social y descansos...). Esta política del palo y la zanahoria empezó a despertar cierta simpatía hacia el nazismo por parte de la clase trabajadora checa, situación inadmisible que los aliados no tardaron en hacer frente. Para los aliados era clave mantener la resistencia en Checoslovaquia, temerosos de que su sumisión pudiese ser imitada por otros países y, en consecuencia, fortalecer el nazismo en Europa.

El plan de Kubis y Gabcik

Exiliado en Londres desde 1940, el primer ministro checo Edvard Benes recibió una llamada del Servicio de Inteligencia británico. Era inadmisible la situación en su país y se le instaba a colaborar en un plan para desestabilizar al régimen nazi en el protectorado. Bajo el control del Servicio Británico de Operaciones (SOE), se ideó un arriesgado plan que consistía en atentar directamente contra la vida de Heydrich, al que muchos consideraban como el posible sucesor de Hitler. La operación recibió el nombre de «Antropoide» y tenía un objetivo básico: mostrar a los aliados (y al resto del mundo) que la resistencia checa no estaba dispuesta a ceder ante el yugo del nazismo y despertar a la población del país. Para la misión se contó con dos especialistas en incursiones de nacionalidad checa, los sargentos Jan Kubis y Jozef Gabcik.

Todo arrancó la noche del 28 de diciembre de 1941 cuando ambos hombres fueron embarcados a bordo de un bombardero Halifax perteneciente al escuadrón 138 de la RAF. Acompañados de otros 7 soldados del Ejército checo en el exilio, la misión empezó mal ya que Kubis y Gabcik fueron lanzados erróneamente en paracaídas sobre la población de Nehvizdy, a unos 20 kilómetros de la capital checa. Desde allí, el grupo se desplazó hasta Pilsen donde tenían previsto contactar con las fuerzas de la resistencia. El grupo llegó a Praga donde se incorporó el soldado Karel Curda, otro miembro del Ejército checo en el exilio. Una vez contactados, los hombres del comando estudiaron durante meses las conductas, costumbres y horarios cotidianos de Heydrich que, por extraño que pareciese, era muy descuidado en lo que respectaba a su seguridad personal. El grupo advirtió que el alemán utilizaba siempre la misma ruta para desplazarse por la capital checa.

Kubis y Gabcik.

Finalmente, se fijó la emboscada para el 27 de mayo de 1942. El plan
era aprovechar el paso de su Mercedes-Benz 320 por una curva cerrada
entre las calles V. Holesovickach y Zenklova. En las inmediaciones del
lugar se apostaron los tres cabecillas del comando. El subteniente Josef
Valcik ocupaba el lugar más alejado y su misión era hacer señales con la
ayuda de un espejo cuando el coche se aproximara. Por su parte, Gabcick, armado con un subfusil Sten, y Kubis, con una granada antitanque
modificada para ser utilizada como explosivo de mano, esperaban escon-
didos en la curva. De forma inesperada, ese día Heydrich se retrasó y
salió una hora más tarde de su residencia de Jungfern-Breschau. El comando estaba a punto de abortar la misión cuando el coche apareció con
la capota bajada y con la única escolta del chófer, Johannes Klein. Tras
recibir el aviso de Valcik, Gabcick saltó de su escondrijo, apuntó sobre el
objetivo y disparó con tan mala fortuna que su arma se encasquilló. En
décimas de segundo, Heydrich se percató del ataque y orgulloso como
era, ordenó al chófer que redujera la marcha para así poder repeler el
ataque. Esa decisión airada y poco meditada iba a costarle la vida. En
ese momento de confusión, Kubis aprovechó para acercarse y lanzar su
granada que explotó en el lado derecho del automóvil. La metralla alcanzó de lleno a Heydrich que, gravemente malherido, se apeó del coche
y empezó a disparar a su agresor que pudo huir de la escena a bordo de
una bicicleta. El líder alemán fue trasladado al hospital Bulovka donde
días después y a pesar de los esfuerzos del equipo médico que Hitler hizo

desplazar hasta el lugar (el propio Heydrich se negó a ser atendido por médicos checos), falleció a causa de un proceso infeccioso ocasionado las múltiples heridas recibidas.

Las solemnes exequias que recibió Heydrich en la Cancillería del Reich en Berlín fueron dignas de un jefe de Estado, bajo las notas de la *Marcha fúnebre de Sigfrido* de Richard Wagner y presididas por el mismísimo Adolf Hitler que le concedió la Orden Alemana, la más alta condecoración del Tercer Reich.

Matanza y traición

Las autoridades alemanas anunciaron una recompensa de hasta 100.000 coronas checas a quien revelara el lugar donde se escondían los comandos que habían atentado contra su líder. Por si la población tenía intención de ocultar su paradero, se inició una oleada de ejecuciones y deportaciones masivas. Las represalias alcanzaron su punto más sanguinario cuando el 10 de junio, las autoridades alemanas recibieron indicios de que los integrantes del comando se refugiaban en el pequeño pueblo de Lídice, cerca de la capital.

Con apenas 500 habitantes, aquella aldea recibió un terrible castigo: todos los varones mayores de 16 años fueron ejecutados (unos 200), mientras que las mujeres y los niños fueron deportadas a los campos de concentración de Ravensbrük y Theresienstadt. A continuación, el pueblo entero fue dinamitado sin quedar rastro de vida en sus calles. Así lo relató el periódico alemán *Der nene Tang*: «Por su ayuda y cooperación a los culpables del crimen, todos los hombres del lugar han sido fusilados, las mujeres deportadas a un campo de concentración y los niños evacuados a centros de reeducación. Todos los edificios han sido arrasados y el nombre de la localidad ha sido suprimido».

Una semana después, atraído por la elevada suma de la recompensa, el soldado checo de la resistencia Karel Curda delató a sus compañeros desvelando su paradero al Obergruppenführer[4] Karl-Hermann Frank, principal responsable de la oleada de represalias en el Protectorado. Jun-

---

4. Hasta 1942 fue el máximo rango militar de las SS.

El atentado contra Heydrich a manos de dos comandos checos no solo le causó la muerte, también fue un símbolo de la lucha de la resistencia.

to a otros cuatro compañeros, Gabcick y Kubis se refugiaban en la cripta subterránea de la iglesia ortodoxa de los Santos Cirilo y Metodio, en la calle Resslova de Praga. Rodeados por cerca de 800 efectivos del Wehrmacht Heer y el Waffen-SS y tras seis horas de asedio, cuando finalmente pudieron acceder a su refugio, los alemanes se encontraron los cuerpos sin vida de los emboscados quienes habían reservado sus últimas balas para sesgar sus vidas antes de caer en manos de sus captores. A cambio de su traición, Curda recibió la millonaria recompensa y tras la guerra, fue ejecutado en Praga acusado de traición.

Según Laurent Binet, autor del libro *HHhH* sobre la vida de Heydrich, el atentado contra la Bestia Rubia «fue la prueba de que la resistencia checoslovaca seguía viva. Heydrich era más que un hombre, abatirlo era matar a un símbolo. Su eliminación no detuvo el Holocausto. Pero la venganza de Hitler borrando del mapa el pueblo de Lídice puso a los ojos del mundo el espanto del nazismo».[5]

5. *HHhH*, Laurent Binet, Grasset & Fasquelle, París, 2010.

8

Operación Jubilee

Desembarco en Dieppe

El 22 de junio de 1941, Hitler lanzó una oleada de ataques contra la frontera soviética en el marco de la Operación Barbarroja. Con el fin de aliviar la presión que su población debía soportar ante el ataque alemán, Stalin demandó urgentemente al bloque angloamericano la apertura de un segundo frente en Europa que obligara a los alemanes a enviar refuerzos desde el frente ruso hacia occidente. Los mandos estadounidenses apoyaban el requerimiento de Stalin, mientras que Churchill era reticente a abrir un nuevo frente cuando apenas podía contener el empuje de Hitler en Oriente Medio, África y Asia. Era evidente que las tropas aliadas no estaban en condiciones de recuperar Europa pero sí que podían materializar una incursión en su frente occidental que obligara a los alemanes a retirar tropas y medios del frente ruso o al menos evitar el envío de fuerzas al frente oriental desde Francia. Por otra parte, emprender una operación de distracción serviría para poner a prueba una gran cantidad de equipamiento que había sido fabricado especialmente para operaciones combinadas, así como analizar las condiciones que prevalecerían cuando se abriera definitivamente el segundo frente.

Tras examinar varios objetivos, finalmente se determinó realizar una incursión en el puerto francés ocupado de Dieppe. En su elección se tuvieron en cuenta varios factores: el objetivo se encontraba dentro del alcance de los aviones de caza británicos con base en el sur de Inglaterra. Además, el Servicio de Inteligencia aliado había detectado en las cercanías la existencia de una estación de radar, un aeródromo de aviones de

caza, varias baterías de cañones pesados e instalaciones militares y navales, además del puerto y naves alemanas diversas. En su contra, Dieppe
estaba fuertemente defendida, ocho cañones de 37 mm y otros ocho de
75 mm protegían las playas, además de dos baterías antiaéreas. Y aunque la dotación terrestre no superaba los 1.000 soldados, la orografía de
Dieppe, totalmente rodeada de acantilados, complicaba seriamente un
desembarco.

Aún así, en abril de 1942 el jefe de Operaciones del Alto Mando Combinado, Louis Mountbatten, inició la planificación de la Operación Jubilee valorando dos variantes iniciales. Por una parte, se habló de la posibilidad de realizar dos desembarcos en los alrededores de Dieppe que se
moverían en forma de pinza hacia la población costera rodeándola por
completo. Esta idea fue rechazada y finalmente se implantó la idea de ejecutar un ataque frontal sobre la playa, con desembarcos de apoyo en los
alrededores del pueblo. Dos baterías pesadas deberían ser neutralizadas
por tropas aerotransportadas arrojadas poco antes de iniciar el ataque. A
pesar de lo arriesgado de emprender un ataque frontal, se consideró factible llevar a cabo el desembarco si las tropas terrestres lo aceptaban.

Tras varias deliberaciones, el 13 de mayo de 1942 se decidió atacar
Dieppe poniendo inicialmente al mando de la operación al por aquel

Bernard Montgomery había comandado con éxito el II Cuerpo hasta la retirada
de Dunkerque.

entonces teniente general Bernard Montgomery que había comandado
con éxito el II Cuerpo hasta la retirada de Dunkerque. Pero poco después de su designación al frente de la operación, obtuvo el mando del
VII Ejército británico (conocido popularmente como «Ratas del desierto») y tuvo que desplazarse al norte de África donde se enfrentaría
al general Erwin Rommel en las batallas de El Alamein. Así que Mountbatten se quedó como único responsable máximo de la Operación
Jubilee.

Se decidió que el ataque frontal se encargaría de capturar y ocupar
por un tiempo la ciudad de Dieppe, mientras que se realizarían tres ataques a cada lado de la población y su puerto. Por una parte, los ataques
a los flancos exteriores se encargarían de capturar las baterías de cañones
pesados en las cercanías de los puntos de desembarco. Mientras que los
ataques de flancos interiores tomarían otra batería y un punto fuerte
para luego proceder al asalto desde las alturas que dominaban la ciudad.

Un elegante «rajagargantas»

El asalto a Dieppe, considerado como la mayor incursión del Ejército
aliado durante la Segunda Guerra Mundial (y también uno de sus más
sonados fracasos), movilizó a un total de 237 embarcaciones (8 destructores, 9 buques de desembarco de infantería, 39 embarcaciones costeras
y 179 lanchas de desembarco), así como a unos 5.000 hombres del Ejército canadiense y 1.057 comandos británicos acompañados de 50 rangers de EE.UU. con un batallón de 58 tanques Churchill. Por su parte, la
RAF desplegó 67 escuadrillas, 60 de ellas de caza, mientras que las Fuerzas Aéreas del Ejército de Estados Unidos (USAAF) proveyó otras siete.

La noche 18 de agosto de 1942, los buques y lanchas desembarco,
divididos en 13 grupos, zarparon de Portsmouth, New Haven y Shore-
ham bajo la cobertura de 8 destructores, cañoneras y lanchas. Asimismo,
dos escuadrillas de barreminas partieron con anticipación para abrir un
canal en un campo de minas que estuvo disponible al arribar las fuerzas
de desembarco.

Los hombres del Comando n.º 4, comandados por el teniente coronel Lord Lovat, iban a bordo del Prince Albert y tenían la misión de
desembarcar en el flanco exterior occidental. Mientras que el Comando

La Operación Jubilee fue uno de los fracasos más sonados del Ejército aliado
durante la Segunda Guerra Mundial.

n.º 3, al mando del mayor Peter Young, debía desembarcar en el flanco
exterior oriental, conocido con el código de «Playa Amarilla». Lovat en-
carnaba a la perfección el perfil de soldado valiente, arriesgado y con un
punto excéntrico de los comandos británicos. En una conversación con
Stalin, Winston Churchill se refirió a él como «el hombre con maneras
más finas que haya rajado una garganta». Un aguerrido soldado que
años más tarde pasaría a la historia cuando desembarcó en Normandía
acompañado por su gaitero personal Bill Millin tocando *Highland lady*.
Bajo un insistente fuego de morteros y ametralladoras, los hombres del
Comando n.º 4 desembarcaron en las playas Orange One y Orange Two
y cruzaron las defensas de alambre hasta cubrirse en la ribera oriental
del río Saane. Tras una peligrosa marcha, los hombres de Lovat divisaron su objetivo (el único que iba a conseguirse con éxito): la batería de
Varengeville. Inmediatamente abrieron fuego contra el centenar de arti-
lleros que protegían el puesto y con la ayuda de los bombardeos de los
Spitfire, enseguida se hicieron con el control del lugar y culminaron su
operación cubriendo la batería con la Union Jack.
      No corrieron idéntica suerte los hombres de Young que tras un in-
tento infructuoso de hacerse con el control de la batería alemana Goebbels, se retiraron a la playa acosados por el fuego enemigo. Al llegar al

punto de encuentro, Young comprobó sorprendido que las lanchas habían desaparecido y tuvo que rendirse tras sufrir 140 bajas. En esta misión perdería la vida el teniente de los Rangers Edward Loustalot, considerada como la primera baja de un soldado norteamericano durante la Segunda Guerra Mundial.

Por su parte, el grueso del Regimiento Real Canadiense desembarcaron el la llamada «Playa Azul», de unos 250 metros de largo y que se encontraba entre Dieppe y la playa Yellow. El ataque enseguida perdió el previsto factor sorpresa y los alemanes causaron una auténtica carnicería entre las tropas canadienses. Se calcula que un total de 3.350 hombres perdieron la vida en aquella playa, es decir, casi el 70% del grupo. Al frente de la Segunda División de Infantería, el teniente coronel Cecil Merritt fue capturado por los alemanes y enviado al campo de prisioneros Oflag VII-B, en Eichstätt (Bavaria). A pesar de ello, Merritt no estaba dispuesto a bajar los brazos y el 3 de junio de 1943, junto a un grupo de 64 prisioneros, escapó a través de un túnel de casi 40 metros. Tras varios días de auténtica cacería humana, Merritt fue capturado y sentenciado a 14 días de confinamiento solitario. El oficial canadiense permanecería encerrado durante el resto del conflicto y tras su liberación nunca aceptó de buena gana los méritos militares argumentando que su guerra apenas había durado seis horas.

Demasiados errores

La Operación Jubilee fue uno de los fracasos más sonados del Ejército aliado durante la Segunda Guerra Mundial. A las innumerables bajas de las tropas canadienses, se sumaron las vidas de casi 250 comandos, se perdió un destructor y 33 lanchas de desembarco, así como una totalidad de 30 tanques. Mientras que en el bando alemán, perdieron la vida unos 600 hombres. Han sido muchos los historiadores que han profundizado en los motivos de este fracaso. En la obra *The War at Sea*,[1] el capitán de la Royal Navy Stephen Roskill explica que el desembarco de Dieppe, la misión adoleció de tres grandes defectos:

---

1. *The War at Sea, 1939-1945*, Stephen Roskill, Naval & Military Press, Uckfield, 2009.

— Excesiva confianza basada en la sorpresa, en una situación en
la que difícilmente se hubiese logrado. Aun considerando que
los ataques en los flancos hubieran sorprendido a los alemanes, los defensores del puerto y la ciudad habrían estado en
alerta antes que el ataque frontal se iniciara.

— El fuego naval de apoyo, tanto en el número de unidades como
en el calibre de los cañones, ya fuese cercano o distante, estaba
lejos de ser el adecuado para enfrentar el número y densidad de
las armas del enemigo.

— El plan era extremadamente complicado. Un número excesivo
de objetivos diferentes, una demanda de exactitud en el desarrollo cronológico de los acontecimientos y una falta de flexibilidad
en muchos aspectos. Como ejemplo, el éxito del ataque frontal
principal dependía de la posibilidad que los desembarcos en los
flancos cumplieran con su misión, así como de la neutralización
de los cañones que dominaban el área como consecuencia de la
acción de buques y aviones. Los tanques no podían abrirse paso
hacia la ciudad hasta que los zapadores volaran las obstruccio-
nes que se interponían en su camino. Si las misiones previas al
ataque principal no podían ser cabalmente llevadas a cabo, la
totalidad de la misión estaría comprometida.

Por su parte, en *Engage The Enemy More Closely*, su autor el historiador
militar Correlli Barnett, considera que «el fracaso se debió especialmente
a un plan poco adecuado que contempló el empleo de la mayor parte de la
fuerza de desembarco en un ataque frontal contra las poderosas defensas
de Dieppe, en lugar de encarar acciones sobre los flancos, un desatino del
que fueron responsables Mountbatten y, por parte del Ejército, el general
B. L. Montgomery».[2]

En definitiva, de los 6.086 hombres que llegaron a las costas de Dieppe aquel fatídico mes de agosto de 1942, más de 4.300 perdieron la vida
o fueron capturados por los alemanes. Al día siguiente, en los despachos
del Gabinete de Guerra británico, el jefe de Operaciones Combinadas
Lord Mountbatten se esforzó por destacar el lado positivo de la opera-

---

2. *Engage The Enemy More Closely*, Correlli Barnett, Penguin Books, 2000.

ción valorando las lecciones aprendidas en Dieppe a la hora de planificar y emprender nuevas misiones en la recuperación de Europa. De hecho, la mayoría de historiadores especializados en la Segunda Guerra Mundial coinciden en que el fracaso de la Operación Jubilee sirvió como importante aprendizaje en futuras (y exitosas) misiones de desembarco, como la Operación Torch y la Operación Overlord.

9

Operación Frankton

El comando de Hasler

El 9 de mayo de 1942, Winston Churchill recibió una carta del ministro de Guerra británico lord Selbourne. En ella, el dirigente advertía al primer ministro acerca de la existencia de un resquicio en el bloqueo marítimo ejercido sobre los alemanes. A pesar del estrecho control a que estaban sometidos, los barcos del Eje seguían manteniendo un activo tráfico naval entre Japón y Europa. Los Servicios de Inteligencia británicos habían detectado que en el último año se habían descargado en el puerto de Burdeos cerca de 25.000 toneladas de caucho destinadas a Alemania e Italia. Este tipo de suministros era claves para las fuerzas aliadas, cuyas naves atracaban en los puertos del sudoeste europeo fuertemente ocupados por los alemanes.

Para estrechar el bloqueo, en un principio se planteó la posibilidad de lanzar una operación combinada contra el puerto de Burdeos pero Churchill estimó que para ello eran necesarias unas tres divisiones de infantería y una de artillería, varios buques de guerra y fuerzas aéreas, por lo que de momento era un ataque imposible. La única posibilidad era realizar una incursión con el fin de sabotear las instalaciones portuarias francesas.

Pocos meses después de aquella carta, en julio de 1942, se creó la Royal Marine Boom Patrol Detachment (RMBPD), unidad comandada por el mayor Herbert George Hasler, gran entusiasta de los deportes náuticos que un año atrás había propuesto al Almirantazgo la posibilidad de realizar incursiones en puertos enemigos mediante el uso de pequeñas

Herbert George Hasler propuso al Almirantazgo la posibilidad de realizar incursiones en puertos enemigos mediante el uso de pequeñas embarcaciones.

embarcaciones. Hasler había ideado un tipo de canoa semirrígida (similar a un kayak), fabricada en madera y lona, de 4,6 metros de longitud, capaz de transportar a 2 hombres y hasta 75 kg de equipo. Bautizada como «Cockle Mark II», sus reducidas dimensiones permitían introducirla en el conducto de lanzamiento de torpedos de un submarino.

Reunidos en Southsea, cerca de Southampton, Hasler recibió el encargo de entrenar a un grupo de comandos en la utilización de dichas canoas. Durante 4 meses, la instrucción del grupo se centró en la preparación física, ejercicios de inmersión y escalada, orientación nocturna y remo. Pasado el período de entrenamiento, Hasler presentó al mando naval un informe sobre la preparación de su unidad y pocos días después fue convocado a presentarse en el Mando de Operaciones Combinadas en Londres. A pesar de que Lord Mountbatten tenía serias dudas acerca de las posibilidades de supervivencia de un destacamento de incursión a bordo de pequeñas embarcaciones, se planteó a Hasler la idea de realizar un ataque relámpago contra las instalaciones del puerto de Burdeos. Entusiasmado con la idea, en apenas 24 horas Hasler presentó un plan general para realizar una incursión sorpresa en el puerto de Burdeos a bordo de canoas remontando sigilosamente los estuarios de los ríos Garona y Gironda hasta el objetivo. Se trataba de una misión realmente peligrosa y audaz pero Mountbatten finalmente accedió y los entrenamientos de la Royal Marine Boom Patrol Detachment, con Hasler al mando y el capitán J. D. Stewart como segundo, se intensificaron. En un principio Mountbatten era reticente a que el propio Hasler participara en la operación. Era el único especialista en canoas de la Royal Navy y el jefe de Operaciones Combinadas temía perderlo durante el ataque. Finalmente, y tras la insistencia del propio Hasler, Mountbatten cedió y la fecha de la incursión se fijó para el 6 de diciembre de 1942. El grupo de ataque constaba de un total de 12 hombres a bordo de seis canoas Mark II. Los comandos se repartieron en dos divisiones. La primera se componía de las parejas formadas por el mayor Herbert George Hasler y el marine Bill Sparks, a bordo de la canoa *Catfish*; el cabo A. F. Laver y el marine W. H Mills en la canoa *Crayfish*; y el cabo G. J. Sheard con el marine D. Moffatt en la canoa *Conger*. Mientras que en la segundo división, iban el teniente J. W. Mackinnon y el marine J. Conway en la canoa *Cuttlefish*; el sargento S. Wallace y el marine R. Ewart en la canoa Coalfish; y los marines W. A. Ellery y E. Fisher en la canoa *Cachalot*. Como hombre de reserva, el grupo contaba también con N. Colley. Cada canoa disponía del siguiente equipamiento:

— Compartimentos 1 y 2: arpón magnético, bomba achicadora de agua y esponja, bastón para colocar las cargas, cuatro cargas adhesivas, cerillas, llave inglesa y ropa seca de repuesto.
— Compartimento 3: víveres y agua.
— Compartimento 4: red mimética, 15 metros de cabo, avisador acústico y lámpara de mano.
— Compartimento 5: dos cajas de cohetes, dos marmitas, jabón y mapas de los alrededores y fotografías aéreas del estuario.

Además, cada hombre disponía pistolas Colt automáticas, ametralladoras Sten dotadas con silenciador, munición, cuchillos y brújula.

Las cosas empiezan mal

Los hombres de Hasler embarcaron a bordo del submarino *HMS Tuna* que zarpó del puerto escocés de Holy Loch el 30 de noviembre de 1942.

Estaba previsto que llegaran al estuario de Gironda hacia el 6 de diciembre. No obstante y debido a las malas condiciones meteorológicas durante el trayecto no llegaron hasta el día siguiente. A las 17:30 del 7 de diciembre, el Tuna ascendió a cota periscópica a unas 10 millas de la desembocadura del Gironda, al sur de la Punta de Grave. El desembarco de las canoas debía hacerse lo más rápido posible para evitar que una vez en la superficie el submarino fuese detectado. Tras abrirse la escotilla del puente, el contramaestre y el comandante salieron al exterior. Sin pérdida de tiempo, ordenaron abrir las escotillas de los lanzatorpedos y se inició la operación de lanzar al exterior las seis canoas de la operación. Por miedo a ser descubiertos, las maniobras se realizaron de forma un tanto atropellada provocando que una de las canoas (*Cachalot*) se rasgara durante el desembarque quedando completamente inutilizada. En consecuencia, la pareja de comandos formada por los marines W. A. Ellery y E. Fisher tuvo que quedarse a bordo del submarino. Media hora después, el grupo restante de 10 hombres encabezados por la canoa de Hasler partió hacia la costa. Enseguida cayó la noche y el grupo tuvo que luchar contra fuertes mareas, olas de hasta 2 metros y violentos vientos cruzados. En estas adversas condiciones, el grupo avistó finalmente el faro de Courdouen emplazado en un islote situado en medio del estuario. Fue entonces cuando la formación empezó a desarticularse cuando la canoa *Coalfish* no resistió las fuertes corrientes y se hundió. El sargento Wallace y el marine Ewart pudieron nadar hasta la orilla pero pronto fueron capturados por tropas alemanas. Más tarde se supo que ambos soldados fueron duramente interrogados y ejecutados bajo la Kommandobefehl[1] durante la noche del 11 de diciembre al norte de Burdeos. En el lugar donde fueron ejecutados existe actualmente una placa conmemorativa que dice: «If I should die think only this of me: that there's some corner of a foreign field that is for ever England» (Si yo muriera

1. En alemán, Orden de los Comandos, emitida por Adolf Hitler el 18 de octubre de 1942 en la que ordenaba secretamente que todos los comandos capturados en Europa y África debían ser inmediatamente ejecutados. La orden decía: «Desde ahora todos los hombres que operen contra tropas alemanas en las llamadas incursiones de comandos, incluso si visten uniforme, armados o desarmados, en combate o huyendo, deben ser aniquilados hasta el último hombre. Incluso si dichos individuos al ser descubiertos, proceden a entregarse como prisioneros, en ningún caso debe ofrecerse cuartel».

piensen solo esto de mí: hay alguna esquina de una tierra extranjera que es para siempre Inglaterra), Diciembre de 1942, sargento Samuel Wallace y Marine Robert Ewart, Royal Marines.

El grupo siguió remando hasta la extenuación otras cinco horas más y cuando lograron aproximarse a la orilla izquierda del río, la canoa *Conger* volcó. El cabo Sheard y el marine D. Moffatt lucharon por reflotarla pero finalmente se hundió. Como estaban cerca de la costa, el resto de compañeros acercaron a los hombres sin canoa hasta la orilla y siguieron navegando río arriba. Días más tarde, el cuerpo sin vida de Moffat fue hallado en la isla de Ré, mientras que nunca se llegó a localizar a su compañero de canoa, el cabo Sheard.

A estas alturas de la misión, solo quedaban tres canoas y seis hombres para realizar la incursión. Agotados por el titánico esfuerzo de remontar las 60 millas adicionales desde la desembocadura del río hasta el puerto, siguieron remando río arriba hasta que a lo lejos divisaron las siluetas de tres destructores alemanes anclados en el puerto. Hasler dio la orden de tumbarse en el fondo de la canoa para no ser detectados e iniciaron la aproximación sin separarse de la orilla izquierda del río. Al llegar al muelle de Verdon, el comando topó con el primer puesto de vigilancia. Para evitar ser sorprendidos, Hasler ordenó pasar por debajo de los pilotes del muelle aprovechando el ir y venir del centinela. Durante la maniobra, la canoa *Cuttlefish* fue descubierta y recibió varios disparos que no llegaron a alcanzar a su tripulación. A bordo de la misma, el teniente McKinnon y el marine Conway lograron escapar saltando al agua y durante cuatro días consiguieron eludir a los alemanes. Finalmente, ambos fueron capturados cuando trataban de cruzar la frontera española. No se conoce el lugar y la fecha exacta de su ejecución.

Sin perder la moral, los hombres de las dos canoas restantes continuaron río arriba y hacia las 6:30 de la mañana desembarcaron en una pequeña zona arenosa conocida como Point aux Oiseaux, cerca de St Vivien du Medoc. Extenueados y con serios síntomas de hipotermia, los comandos arrastraron como pudieron las canoas hasta la arena y tras cubrirlas con rejillas de camuflaje y arbustos, Hasler se hizo cargo de la primera guardia mientras el resto de hombres aprovechaba para tomar un merecido descanso. A medianoche, el comando reemprendió la marcha hacia el puerto de Burdeos. Seis horas más tarde, desembarcaron en la orilla oriental del río, tras la pequeña Porte de Colonge. Mientras descansaban, un avión alemán de reconocimiento efectuaba vuelos a baja altura. Seguramente, habían encontrado restos de las canoas desaparecidas y buscaban indicios del comando.

Tras descansar, el grupo de cuatro hombres reemprendió la marcha cuando todavía no había anochecido para aprovechar mejor la ausencia de marea en el río. Durante el trayecto de pronto apareció una lancha rápida de vigilancia. Lo hizo de forma tan repentina que el grupo no tuvo tiempo de agacharse. Afortunadamente, los alemanes no divisaron la presencia del comando y pasaron de largo. De todas formas, el fuerte oleaje que levantó la lancha a su paso sacudió con violencia a las dos canoas que estuvieron a punto de zozobrar.

Sabotaje en el muelle

Al alba del 10 de diciembre, fecha en la que estaba previsto el ataque, Hasler decidió posponer la misión un día más. El grupo se hallaba a la altura de la desembocadura del río Dordoña y tomó tierra en una isla cercana. Estaban tan cansados que no se percataron que en ese mismo punto los alemanes tenían instalada una batería antiaérea. Pasaron el día en completo silencio, bajo una persistente llovizna y sin encender fuego ni fumar por miedo a ser sorprendidos. Al anochecer y tras un pequeño reconocimiento, el grupo emprendió de nuevo la navegación río arriba. Aquella noche resultó la más plácida y las condiciones meteorológicas fueron favorables por primera vez desde que habían partido del submarino. El grupo navegó por el centro del río durante las primeras dos millas y luego continuó bordeando la orilla izquierda protegidos por la presencia de los juncos. Hacia las 10 de la noche, Hasler y sus hombres divisaron a lo lejos varios buques de gran calado anclados en el muelle oriental del puerto de Burdeos. Desembarcaron una hora después frente a Bassens y sin moverse del interior de las canoas descansaron el resto de la noche y durante el día siguiente. Como los cañaverales se alzaban más de un metro por encima de sus cabezas, podían observar el entorno sin riesgo de ser descubiertos.

Poco antes del anochecer, el comando empezó a preparar las 16 cargas adhesivas y tras camuflarse el rostro con grasa, a las 9 de la noche el grupo se separó en dos: a bordo de la *Crayfish*, Laver y Mills remaron hacia Bassens; mientras que Hasler y Sparks lo hicieron hacia Burdeos. Tras una hora más, estos últimos llegaron hasta el lado oeste de la dársena donde se hallaba el petrolero *Cap Harid*, los cargueros *Dresden* y *Usaramo*, y el buque antiminas *Sperrbrecher*. Aprovechando la deficiente iluminación del muelle, Hasler y Sparks se deslizaron sigilosamente entre los buques y con la ayuda de una vara de dos metros consiguieron fijar un par de minas sobre el casco de cada nave. Mientras, el segundo grupo colocó sus minas en dos buques atracados en el muelle de Bassens.

Una hora más tarde, ambos grupos hundieron sus canoas y nadaron hasta la orilla para introducirse en el interior y alejarse de la zona antes de que explosionaran las cargas. La idea era refugiarse en los bosques cercanos y llegar hasta Ruffec donde contactarían con fuerzas de la resistencia para regresar a Inglaterra. Durante su huída, el resultado de la operación no pudo ser más satisfactorio. Tal como había previsto, al cabo de nueve horas las cargas explotaron provocando el hundimiento de los buques *Tannenfels* y *Portland* en el muelle de Bassens, y del petrolero *Cap Harid* y los cargueros *Dresden* y *Usaramo* en Burdeos. Únicamente permaneció a flote el buque antiminas *Sperrbrecher* 5 gracias a que las minas se desprendieron de su casco.

Al cabo de seis días de marcha, ocultándose de día y caminando de noche, Hasler y Sparks llegaron hasta Ruffec y entraron en una taberna donde solían reunirse elementos de la resistencia francesa. Nadie había sido avisado de su llegada, así que tras permanecer un rato sentados observando a la propietaria del bar, Hasler se acercó a ella y le deslizó un billete para pagar lo que habían consumido y en el que había escrito una nota revelando su identidad. Al devolverle el cambio, la dueña dejó escrito en otro billete: «Permanezcan donde están hasta que cierre». De esta manera, los comandos pudieron ser acompañados por miembros de la resistencia hasta la frontera con España, llegar a Barcelona y desde allí hasta Gibraltar desde donde regresaron a Inglaterra el 1 de abril de 1943, casi 4 meses después de su incursión en Burdeos.

Pero Laver y Mills no corrieron la misma suerte. Al cabo de dos días de explotar las minas en los muelles de Bassens y Burdeos, ambos hombres atravesaban un prado cuando fueron sorprendidos por un destacamento alemán que peinaba la zona en su búsqueda. Nunca regresaron a Inglaterra.

Por los servicios prestados durante la Operación Frankton, Hasler recibió la Orden del Servicio Distinguido, medalla militar que se concede por la prestación de servicios meritorios o distinguidos por parte de los oficiales del Ejército británico en tiempo de guerra. Mientras que Sparks fue distinguido con la Medalla del Servicio Distinguido, distinción de plata la Royal Navy británica.

Después de esta operación, la Royal Marine Boom Patrol Detachment fue disuelta y sus miembros pasaron a formar parte de las secciones de canoas de los Comandos Royal Marines y del SBS. Por su parte, Herbert Hasler siguió formando parte del Cuartel General de Operaciones Combinadas y en enero de 1944 fue trasladado al Sudeste Asiático donde formó y comandó el Destacamento 385, grupo que formaba parte del SOG (Small Operation Group) a las órdenes del coronel H. T. Tollemanche y que estaba especializado en asaltos anfibios mediante el uso de canoas.

10

Operación Gunnerside

La advertencia de Einstein

En diciembre de 1938, Otto Hahn y Fritz Strassmann, dos científicos alemanes, descubrieron casualmente la fisión nuclear, hallazgo que iba a cambiar definitivamente el curso de la historia. Mientras bombardeaban una muestra de uranio con neutrones encontraron evidencia química de la producción de bario, un elemento con la mitad de la masa del uranio. Tras validar los resultados, en enero de 1939, ambos publicaron en la revista alemana *Die Naturwissenschaften*, un trabajo titulado «Über den Nachweis und das Verhalten der bei der Bestrahlung des Urans mittels Neutronen entstehenden Erdalkalimetalle».[1] La importancia del hallazgo radicaba en que si se lograba dividir el núcleo de un átomo pesado en dos fragmentos próximamente iguales, quedaría en libertad parte de la enorme cantidad de energía almacenada en él, de tal modo que se obtendrían unos 20.000 kilovatios por hora por cada gramo de uranio escindido.

Los gobiernos no eran conscientes todavía de la importancia de aquel descubrimiento. Fue un grupo de científicos nucleares, formado por Leó Szilárd, Edward Teler y Eugene Wigner (todos ellos refugiados judíos provenientes de Hungría) quienes empezaron a advertir que los alemanes podían usar el descubrimiento de Hahn para producir potentes bombas durante la Segunda Guerra Mundial. Temerosos de las terri-

---

1. *Demostración de que al someter el uranio a la acción de los neutrones, se obtienen metales alcalino-térreos*, en alemán.

bles consecuencias que podía suponer semejante arma en manos de
Adolph Hitler, convencieron a Albert Einstein, por aquel entonces el físico más famoso y reconocido de Estados Unidos, para que advirtiera al
presidente Franklin D. Roosevelt del peligro. Enviada a la Casa Blanca
el 2 de agosto de 1939, decía:

> En el curso de los últimos cuatro meses se ha hecho probable que
> podría ser posible el iniciar una reacción nuclear en cadena en una
> gran masa de uranio, por medio de la cual se generarían enormes
> cantidades de potencia y grandes cantidades de nuevos elementos
> parecidos al uranio. Ahora parece casi seguro que esto podría ser
> logrado en el futuro inmediato.
>
> Este nuevo fenómeno podría ser utilizado para la construcción
> de bombas, y es concebible —pienso que inevitable— que pueden ser
> construidas bombas de un nuevo tipo extremadamente poderosas.
> Una sola bomba de ese tipo, llevada por un barco y explotada en un
> puerto, podría muy bien destruir el puerto por completo, conjunta-
> mente con el territorio que lo rodea. Sin embargo, tales bombas po-
> drían ser demasiado pesadas para ser transportadas por aire.
>
> Estados Unidos tiene muy pocas minas de uranio, con vetas de
> poco valor y en cantidades moderadas. Hay muy buenas vetas en
> Canadá y en la ex Checoslovaquia, mientras que la fuente más im-
> portante de uranio está en el Congo Belga.
>
> En vista de esta situación, podría considerar deseable tener al-
> gún tipo de contacto permanente entre la Administración y el grupo
> de físicos que están trabajando en reacciones en cadena en Estados
> Unidos. En este sentido, cabría la posibilidad de comprometer ex-
> traoficialmente a una persona de su entera confianza.
>
> Sus funciones serían las siguientes:
>
> — Estar en contacto con el Departamento de Gobierno, man-
> teniéndolo informado de los próximos desarrollos y hacer
> recomendaciones para las acciones de Gobierno, poniendo
> particular atención en los problemas de asegurar el suminis-
> tro de mineral de uranio para Estados Unidos.
> — Acelerar el trabajo experimental, que en estos momentos se
> efectúa con los presupuestos limitados de los laboratorios de
> las universidades, con el suministro de fondos.

Las advertencias de Einstein hicieron que EE.UU. iniciara contrarreloj la carrera por conseguir la bomba atómica.

La advertencia de Einstein hizo que Estados Unidos iniciara una carrera contrarreloj, con ayuda del Reino Unido y Canadá, para desarrollar la primera bomba atómica antes de que la Alemania nazi lo consiguiera. Bautizado como Proyecto Manhattan y bajo la dirección del físico Julius Robert Oppenheim, se agrupó a eminencias científicas como Niels Böhr, Enrico Fermi y Ernest Lawrence, entre otros, al frente de más de 130.000 personas que trabajaron en secreto para sacar adelante la mortífera arma.

Además de intentar desarrollar la bomba atómica antes que sus rivales, los norteamericanos empezaron a planificar una serie de trabas para retrasar los avances de los alemanes en la materia. Agentes del servicio secreto británico en Noruega habían informado al Almirantazgo que los alemanes estaban aumentando considerablemente la producción de agua pesada en la central de Vemork, en la Noruega ocupada. Creada en 1934, se trataba de la primera instalación de producción de agua pesada comercial y tenía una capacidad de hasta 12 toneladas al año. Esta sustancia era de vital importancia en las investigaciones atómicas por su rico contenido en deuterio. Su valor radicaba en que se trataba de un excelente agente moderador, muy eficaz para desacelerar los neutrones en una pila de uranio, acción clave para establecer la reacción en cadena continua que, a su vez, permitiría producir la ansiada bomba atómica.

Paralelamente al Proyecto Manhattan, los alemanes tenían su propio proyecto de energía nuclear. Desarrollado por el Departamento de Desarrollo de Armamento de la Wehrmacht, el llamado «Proyecto Uranio» contaba con reputados científicos como el mismísimo Otto Hahn, descubridor de la fisión atómica que avanzaban decididamente hacia la producción de un arma definitiva que decantara la balanza en el conflicto contra los aliados.

Como los alemanes contaban entre sus filas con el científico Hahn, cuyos trabajos gozaban de gran admiración en toda la comunidad científica, tanto Churchill como Roosevelt estaban convencidos de que los nazis llevaban una considerable ventaja en la carrera por conseguir la bomba atómica. Churchill sabía de los esfuerzos que hacían los alemanes para procurarse agua pesada. ¿Y si el enemigo lograba elaborar una bomba atómica antes que ellos? Por escépticos que se sintieran ante las declaraciones de los científicos, no podían exponerse al peligro de ser aventajados en tan terrible campo.

La batalla del agua pesada

Oculta entre montañas y situada en la remota meseta noruega de Hardangervidda, a unos 1.000 metros de altitud, la destrucción de las instalaciones de la planta Norsk-Hydro para la fabricación de agua pesada se convirtió en un objetivo prioritario para los aliados. En un principio, Churchill ordenó que la RAF ejecutara una serie de bombardeos sobre el lugar. Una decisión que finalmente no vio la luz debido a dos principales inconvenientes: el objetivo estaba rodeado de montañas de difícil acceso por aire y un bombardeo sería mal acogido por el Gobierno noruego en el exilio.

Finalmente, Churchill se convenció que aquello era cosa de los comandos y puso la misión en manos del Special Operations Executive. El SOE reunió a un pequeño grupo de tres miembros de la resistencia noruega (Arne Kjelstrup, Knut Haugland y Claus Helberg) bajo el mando del teniente Jens-Anton Poulsson, un experimentado montañero. Al llamado grupo Grousse se unió también el ingeniero Einar Skinnarland, trabajador de la planta de Norsk Hydro que el 9 de octubre de 1942 había sido evacuado de la fábrica por la resistencia noruega para suministrar información a los británicos.

Diez días después, los hombres de Poulsson fueron lanzados en paracaídas sobre la meseta de Hardangervidda. Haciendo frente a durísimas condiciones climatológicas, el comando tardó tres semanas en alcanzar la planta de Telemark. El grupo se estableció en una cabaña deshabitada y finalmente consiguieron contactar con Londres el 6 de noviembre de 1942. Pocos días después, esta avanzadilla recibió el apoyo

Tanto Churchill como Roosevelt estaban convencidos de que los nazis llevaban
una considerable ventaja en la carrera por conseguir la bomba atómica.

de más comandos. Concretamente, el 19 de noviembre, dos planeadores
(vehículos aéreos transportados por aviones más grandes que se liberan
a poca distancia de la zona de aterrizaje) partieron del aeródromo de
Skitten, en Escocia, con 17 hombres de la 9.ª Compañía de Campo de los
Royal Engineers, 1.ª División Británica Aerotransportada, cada uno. El
uso de planeadores pretendía que los paracaidistas no se dispersaran
tanto al saltar sobre el objetivo.

Conocida como Operación Freshman, las malas condiciones meteorológicas hicieron que uno de los aparatos se estrellase en una montaña
en Hestadfjell muriendo al instante todos sus tripulantes. Asimismo, el
segundo planeador se vio forzado a aterrizar de emergencia en Fyleslan-
den, en lo alto de una montaña con vistas a Lysefjord. De los 17 hombres que iban a bordo, ocho perecieron debido al impacto y el resto de
supervivientes fueron capturados y ejecutados por los alemanes.

Tras este sonado fracaso, el SOE no se dio por vencido y la llegada
a Londres del Dr. Jamar Brun, antiguo ingeniero jefe de la planta de
Norks Hydro, dio nuevo impulso al proyecto de asaltar sus instalaciones. Brun trajo consigo minuciosos planos de la fábrica que sirvieron
para que un nuevo comando se familiarizase con el objetivo antes de
acudir en apoyo de los hombres de Poulsson. Estos seguían en el refu-

gio de montaña cuando el 23 de enero supieron a través de la radio que pronto recibirían el apoyo de un nuevo comando bajo el nombre de Operación Gunnerside.

Vermork estalla

La noche del 16 de febrero de 1943, un grupo de seis comandos noruegos saltaron en paracaídas desde un bombardero Halifax del 138 Escuadrón de la RAF con base en Tempsford. Tras varios días de marcha, el grupo compuesto por Joachim Rønneberg, Knut Haukelid, Fredrik Kayser, Kasper Idland, Hans Storhaug y Birger Strømsheim contactó finalmente con los hombres de Poulsson. Tras la fallida operación Freshman, los alemanes habían aumentado las condiciones de seguridad en la planta colocando minas antipersonas, focos y guardias adicionales por toda la zona. Además, el único puente que permitía cruzar el profundo abismo sobre el río Maan y que medía 75 metros de largo, estaba fuertemente custodiado.

Ante semejante panorama, los 10 hombres encargados de sabotear la fábrica decidieron iniciar la operación durante la noche del 27 de febrero de 1943. El comando empezó descendiendo al fondo del barranco, vadeó el río helado y luego escaló la escarpada orilla contraria. Poco

Los hombres encargados de la demolición colocaron las cargas explosivas junto a las cámaras electrolíticas de agua pesada.

después de medianoche y ya al otro lado del puente, los saboteadores se deslizaron hasta la planta de electrólisis a través de un túnel. En el interior de la planta, el equipo solo se encontró con un centinela que no opuso gran resistencia. Los hombres encargados de la demolición colocaron las cargas explosivas junto a las cámaras electrolíticas de agua pesada e inmediatamente prendieron las mechas. Apenas habían salido del recinto cuando las cargas empezaron a detonar. El ruido de las explosiones quedó disimulado con el rugir constante de la maquinaria de la planta, hecho que permitió al comando huir sin problemas. Eso sí, antes abandonaron expresamente un subfusil Thompson para indicar a los alemanes que se trataba de una operación británica, a fin de evitar represalias contra la población noruega. Una vez en el exterior de la fábrica, los hombres del comando se dispersaron. Seis de ellos esquiaron 400 kilómetros hacia Suecia y el resto permaneció en Noruega, donde siguieron trabajando con la resistencia del país.

Tras el ataque, el comisario del Tercer Reich Josef Terboven y el jefe de las SS y de la Policía Wilhelm Rediess se entrevistaron en Riukan. Como primera medida, decidieron detener a una cincuentena de personas en calidad de rehenes pero finalmente el jefe de la Whermacht en Noruega ordenó su liberación al considerar que se trataba de una operación militar ajena a la población civil.

La importancia de la planta de Vermork hizo que los alemanes repararan en tan solo medio año los destrozos causados por el comando británico. Las medidas de seguridad hacían imposible una nueva incursión por tierra, así que finalmente se optó por lanzar un contundente ataque aéreo, a instancias del general Leslie Groves, jefe militar del Proyecto Manhattan. El 16 de noviembre de 1943, un total de 150 Boeing B-17 Flying Fortress norteamericanos despegaron con destino a Rjukan. Con luz diurna y aprovechando la pausa del mediodía para no causar víctimas entre los trabajadores noruegos, una auténtica lluvia de bombas cayeron sobre la Norks-Hydro. El puente de acceso y la mayoría de instalaciones quedaron completamente inutilizados y, a pesar de que los depósitos de agua (fuertemente protegidos en bóvedas de hormigón subterráneas) resistieron el ataque, la fábrica no volvió a ser operativa.

Tras el ataque, los alemanes decidieron trasladar su producción de agua pesada, un total de 14 toneladas, a su país. Para ello, el 19 de febrero de 1944 cargaron unos 50 depósitos cilíndricos de agua pesada en dos vagones de plataforma de ferrocarril que trasladaron desde Vermork hasta Rjukan. Desde allí y fuertemente custodiado, el convoy se dirigió a Mael desde donde se embarcaron en el transbordador Hydro (propiedad también de la planta Norks-Hydro) para llevarlos a la orilla opuesta del lago Tinnsjo. Ya en la otra ribera, los depósitos debían continuar por ferrocarril hasta el puerto de Heroya para finalmente embarcarlos hacia Alemania.

Sin embargo, sus intenciones habían sido detectadas por el Servicio de Inteligencia británico. Como máximo responsable para abortar la operación se nombró al teniente coronel Knut Haukelid, militar noruego exiliado en Inglaterra tras la ocupación alemana de su país y especialista en incursiones relámpago. El plan consistía en introducir varios explosivos en la bodega que contenía los depósitos de agua pesada y programar las cargas para que explotaran durante el trayecto.

El problema es que habían tres transbordadores encargados de cubrir esa ruta: el *Rjukanfos*, el *Hydro* y el *Ammonia*. Finalmente y por mediación de unos informadores de la resistencia que trabajaban en la planta de Vermork, el comando supo que efectivamente la carga iría a bordo del *Hydro*. El transporte estaba previsto realizarse durante el sábado 19 de febrero de 1944. Pero gracias de nuevo a la colaboración de trabajadores de la planta que provocaron un retraso en el traslado de los depósitos, el trayecto se pospuso al domingo. De esta forma, se pretendía causar el mínimo de víctimas posible, ya que ese día el número de pasajeros a bordo del ferry era considerablemente menor. De esta forma, durante la madrugada del 20 de febrero, Haukelid y tres hombres penetraron en el transbordador y descendieron por la cubierta de tercera clase hasta la escotilla que conducía a la sentina. Una vez en su interior, colocaron casi 9 kilos de carga explosiva plástica en forma de círculo y cerca de la proa con la idea de abrir un boquete de dos metro de diámetro en el casco cuando estallara. Programaron las espoletas de tiempo para que las cargas explotaran a las 10:30 de la mañana, momento en que el ferry estaría atravesando la zona más profunda del lago, aunque ya cerca de la orilla para que los pasajeros pudiesen ser rescatados con facilidad.

A la mañana siguiente, el ferry zarpó a las 9:45 con 53 pasajeros a bordo. Puntualmente, al cabo de 45 minutos los explosivos estallaron destrozando gran parte de la hélice e imposibilitando que el capitán de la nave pudiese realizar maniobra alguna. En apenas media hora, el *Hydro* se hundió a una profundidad de 430 metros llevándose al fondo su preciada carga. De esta forma terminó la llamada «batalla del agua pesada», una serie de incursiones que lograrían sabotear el avance de los alemanes en conseguir la bomba atómica.

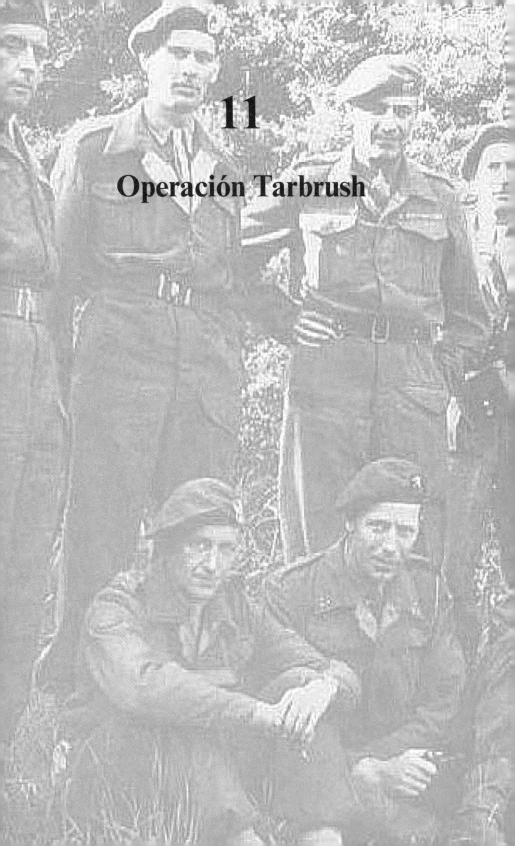

11
Operación Tarbrush

«Vigile Normandía»

Durante los últimos dos años y medio la amarga y costosa lucha contra el Bolchevismo ha obligado a exigir demandas extremas sobre nuestros recursos militares. Esa comisión estaba en armonía con la seriedad del peligro y la situación en general, situación que ha cambiado. Las amenazas remanentes en el este son mínimas, pero un peligro incluso mayor asoma por el oeste: ¡la invasión angloamericana! En el este, la inmensidad del territorio permitirá, como último recurso, una pérdida de territorio incluso en una escala importante, sin que la supervivencia alemana sufra un golpe mortal.

No ocurre lo mismo en el oeste. Si el enemigo tiene éxito penetrando nuestras defensas en un amplio frente, ocurrirá una escalada de consecuencias impredecibles a muy corto plazo. Todo indica que ocurrirá una ofensiva contra el frente occidental europeo, no más tarde que en primavera y tal vez antes.

Por esa razón, no puedo aceptar por más tiempo el debilitamiento progresivo del oeste en favor de otros frentes de guerra. Por lo tanto, he decidido consolidar las defensas en el oeste, particularmente en los lugares desde los cuales desataremos nuestra guerra de largo alcance contra Inglaterra. Esos serán los puntos donde el enemigo atacará y es donde (a menos que las señales que recibimos sean engañosas) se lucharán las batallas decisivas.

Debemos esperar ataques sostenidos y ataques de diversión en otros frentes. Tampoco se puede excluir la posibilidad de una ofensiva contra Dinamarca. Eso plantearía mayores problemas navales y podría ser apoyada con menos eficacia desde el aire, produciendo un impacto político y estratégico muy grande si tuviera éxito.

Así expresaba el Führer y comandante en jefe de la Wehrmacht, Adolf Hitler, en su Directiva n.º 51 del 3 de noviembre de 1943, su preocupación por una posible invasión del frente aliado desde el oeste. «Vigile Normandía», le dijo Hitler a Rundstedt en varias ocasiones. Por aquel entonces, la Wehrmacht tenía varios frentes abiertos en el conflicto pero dedicaba gran parte de sus esfuerzos en la invasión de Rusia.

Reunidos en la célebre Conferencia de Teherán, celebrada del 28 de noviembre al 1 de diciembre de 1943, Roosevelt, Churchill y Stalin decidieron (tal como temía Hitler) abrir un segundo frente en Occidente que aligerara la presión alemana sobre el frente oriental. Un plan que se llevaría a cabo siete meses después con el desembarco de Normandía. Conocida en clave como Operación Overlord, la batalla de Normandía pasó a la historia como la mayor operación militar aérea y naval combinada de la historia. A lo largo de 80 kilómetros de costa, formada en más de un 95% por playas, el Ejército aliado utilizó en la operación una descomunal fuerza formada por 1.750.000 soldados británicos (incluidas las tropas imperiales), 1.500.000 estadounidenses y 44.000 voluntarios de otras nacionalidades, bajo el mando conjunto del general Bernard Montgomery por tierra, el almirante Bertram Ramsay por mar y el mariscal Trafford Leigh Mallory por aire. Toda la operación fue liderada por el comandante supremo de la fuerza expedicionaria aliada, el general Dwight D. Eisenhower.

El comando judío

El éxito final de la Operación Overlord dependió en gran parte de sus cuidadosos preparativos. Como ya hemos visto, hacía tiempo que Hitler temía un desembarco aliado en el frente de occidente e intuía que este se haría efectivo en la costa atlántica francesa. De ahí que había fortalecido considerablemente aquella costa, especialmente la del canal de La Mancha. Ante la posibilidad de un ataque aliado, Hitler había ordenado al Mariscal Gerd von Rundstedt la construcción de la llamada «Muralla del Atlántico», una gigantesca obra de ingeniería que tenía como objeti-

Conocida en clave como Operación Overlord, la batalla de Normandía pasó a la historia como la mayor operación militar aérea y naval combinada.

vo impedir una invasión del continente europeo desde Gran Bretaña por parte de los aliados. Para ello, el general alemán hizo construir a lo largo de la zona costera del canal de La Mancha un gran cadena de edificaciones defensivas compuesta por todo tipo de búnkeres, blocaos, casamatas, trincheras y túneles que en total sumaban cerca de 15.000 estructuras que habían requerido el uso de hasta 11 millones de toneladas de hormigón y 1 millón de toneladas de acero.

Según las suposiciones del Alto Mando alemán, el asalto aliado a la Europa Occidental ocurriría como máximo en la primavera de 1946 pero no se ponían de acuerdo acerca del punto geográfico exacto donde tendría lugar. Hitler señaló las penínsulas de Cotentin y de Bretaña como probables objetivos de los aliados. Por su parte, los oficiales del espionaje naval alemán argumentaban como principal posibilidad un desembarco al oeste del Paso de Calais. Así fue como hacia finales de 1943 y a instancias de Rundstedt, que cada vez desconfiaba más de la verdadera efectividad de la Muralla del Atlántico, Hitler ordenó a Rommel ponerse al frente de la defensa de la costa del Atlántico, desde el Scheldt hasta el Loira, utilizando el 5.º y el 7.º Ejército.

La llegada de Rommel al frente occidental inquietó especialmente al mando aliado. Se temía que los alemanes hubiesen desarrollado un siste-

El Servicio de Inteligencia británico había sugerido la sospecha de que los alemanes estaban instalando en la costa francesa un nuevo tipo de mina altamente sensible.

ma de defensa avanzado capaz de repeler el desembarco, así como diezmar seriamente a sus tropas. Se llegó incluso a suspender todas las operaciones de comandos a través del canal de la Mancha, orden que cursó el general Francis de Guingand, jefe del Estado Mayor del 21 Grupo de Ejércitos, convencido de que su actividad estaba provocando que los alemanes reforzaran cada vez más sus defensas.

Sin embargo, la fecha del Día D se acercaba y era necesario recibir información veraz acerca de los sistemas de defensa instalados en las playas de la costa, especialmente sobre la distribución de las minas. El Servicio de Inteligencia británico había sugerido la sospecha de que los alemanes estaban instalando en la costa francesa un nuevo tipo de mina altamente sensible. Para recabar más información acerca de estas defensas, se encomendó realizar una serie de operaciones relámpago a los hombres de la Tropa n.º 3 perteneciente al Comando Interaliado n.º 10, unidad creada específicamente para realizar incursiones de comando en las costas francesas del canal de la Mancha. Bajo el mando de Louis Mountbatten, este comando de las Fuerzas Especiales del Ejército británico estaba compuesto por voluntarios extranjeros, especialmente alemanes, austríacos, daneses, checos, griegos y húngaros. Al mando del capitán Bryan Hilton Jones, una de las principales características de la

Tropa n.º 3 era que la mayoría de sus integrantes profesaba la religión judía. Entre sus principales activos estaba George Lane, de nacionalidad húngara (su verdadero nombre era Goergi Lanyi) y jugador olímpico de waterpolo, con gran experiencia en operaciones especiales en territorios ocupados por los alemanes. Lane ya había participado en la Operación Forfar (entre julio y septiembre de 1943) y en los asaltos de la Operación Hardtack (en diciembre de 1943), misiones que también tenían como propósito recolectar información en la costa francesa como parte de los preparativos para el desembarco de Normandía. Sin embargo, su mayor reto militar estaba por venir.

Un curioso interrogatorio

Entre el 14 y el 18 de mayo, la Operación Tarbrush consistió en ocho incursiones en la zona del Paso de Calais con el fin de recopilar información acerca de las minas alemanas. Asimismo, tenía el objetivo secundario de abandonar sutiles pistas de su presencia en las playas para inducir a los alemanes a pensar que esa sería la zona de desembarco.

Formados por grupos de tres hombres, los comandos de la Tropa n.º 3 salieron durante 4 días a bordo de lanchas torpederas desde el puerto de Dover desembarcando más tarde en lanchas neumáticas en determinados sectores de la costa para estudiar los tipos y disposición de las defensas alemanas. Algunas de estas incursiones fracasaron, como la de Bray Dunes al no poder desembarcar a causa de las malas condiciones meteorológicas, o la de Les Hemmes donde no pudieron acercarse por la fuerte actividad naval alemana en la costa. En el resto, los hombres de la Tropa n.º 3 consiguieron identificar los cinco tipos de minas que utilizaban los alemanes en las playas, así como su distribución general. Incluso llegaron a confirmar que no había minas entre la franja de obstáculos y la línea de bajamar, lo que significaba que las tropas desembarcadas no tendrían que preocuparse de las minas antes de llegar a los obstáculos.

La noche del 17 de mayo de 1944, el comando formado por los tenientes George Lane y Roy Woodridge, un voluntario procedente de los Ingenieros Reales, experto en minas y que había ganado la Cruz Militar en El Alamein, desembarcó en las playas situadas al sur de Onival, cerca

de Dieppe. Mientras reconocían la zona en busca de minas fueron sorprendidos y apresados por una patrulla alemana. El mismísimo Rommel
mostró interés por interrogar a aquellos hombres y ordenó que fueran
trasladados a su residencia búnker, en el castillo de La Roche-Guyon, en
el departamento francés de Valle del Oise. Lane fue conducido a la bi-
blioteca de la mansión donde aguardaba el mariscal de campo alemán.
A pesar de que Lane dominaba a la perfección el idioma alemán, decidió
hablar en inglés y, para no despertar sospechas por su mal acento, adujo
que era galés.

—Así que usted es uno de esos gánsteres o comandos —dijo Rommel acercándose al soldado.

—No sé de qué está usted hablando. Simplemente soy un soldado
británico —respondió tembloroso Lane al saberse ante uno de los oficiales de mayor rango del bloque alemán.

—Dese cuenta de que está en una situación difícil. Todos piensan
que es un saboteador —siguió intimidándolo.

—Si realmente piensa que soy un saboteador, no debería de haberme
invitado aquí.

—¿Así que esto es una invitación?

—Sí, y un honor para mí.

—Ante semejante desparpajo, Rommel rompió en una sonora carca-
jada. ¿Cómo está mi amigo Montgomery? —preguntó clavando la mirada sobre el soldado.

—Creo que muy bien. Pero solo sé lo que leo en los periódicos…

—Bueno, ¿cuándo va a ser la invasión? —dijo el mariscal con cierto
gesto de impaciencia.

—No tengo la más mínima idea —mintió Lane convencido de que
no iba a salir con vida de aquel castillo.

—Sorprendentemente, aquello no molestó a Rommel que continuó
con su interrogatorio. ¿No le parece una pena que los alemanes y los ingleses no peleen juntos?

—¿Contra quién? —se atrevió a decir Lane ante uno de los militares
más condecorados de la contienda.

—¡Contra los soviéticos, por supuesto!

—Lo siento señor, pero creo que existen muchas diferencias para que
nuestras naciones puedan ser aliadas.

—¿Qué diferencias? —quiso saber el Mariscal.

La Operación Tarbrush consistía en ocho incursiones en la zona del Pas de Calais con el fin de recopilar información acerca de las minas alemanas.

—Por ejemplo, la manera en que su gobierno trata a los judíos —dijo apretando los puños.

—No hablemos de política —zanjó Rommel. Somos soldados y eso nada tiene que ver con nosotros.[1]

Tras varios intentos infructuosos por desvelar el motivo de su operación y la fecha y lugar de un posible desembarco de las tropas aliadas en las costas francesas, Rommel se dio por vencido y ordenó que se lo llevaran. Antes le dio su palabra de que no le ocurriría nada y que sería tratado como un prisionero de la Wehrmacht. Promesa que cumplió ya que nunca fue entregado a la Gestapo y murió a la edad de 95 años convencido de que había sobrevivido a la guerra gracias a Rommel. Pero el hecho de que los comandos habían sido hechos prisioneros en la zona del Pas de Calais reforzó la convicción de Rommel de que esa iba a ser la zona de desembarco.

1. *Knight's Cross : A Life of Field Marshal Erwin Rommel*, David Fraser, Harper Perennial, 1994.

12

Operación Chastise

Los antecedentes

Situada en el estado alemán de Renania del Norte-Westfalia, la cuenca
del Ruhr siempre se considerado como una de las regiones industriales
más prósperas de Europa. A lo largo del río Ruhr, afluente de la margen
derecha del Rin en su curso inferior, se ha desarrollado desde principios
del siglo xx una importante zona industrial que aporta riqueza y recursos al conjunto de ciudades de la zona, como Dortmund, Bochum, Duis-
burgo, Essen o Gelsenkirchen. Su importancia económica ya quedó bien
demostrada tras finalizar la Primera Guerra Mundial, cuando la región
fue ocupada por tropas belgas y francesas con la idea de recuperar el
dinero que la República de Weimar adeudaba a Francia tras la Gran
Guerra.

Tras estallar la Segunda Guerra Mundial, el Tercer Reich puso la
producción de las siderurgias y altos hornos de la región al servicio de su
industria de armamento. El ingente conjunto de plantas termoeléctricas,
plantas hidroeléctricas, plantas de suministro de vapor, factorías produc-
toras de acero y la vasta red de industrias asociadas a la producción bélica alemana se abastecía con la energía hidroeléctrica abastecida por seis
grandes represas construidas a lo largo del río Ruhr: Möhne, Sörpe,
Eder, Diemel, Ennepe y Lister.

A los aliados no se les pasó por alto la importancia estratégica de
esta zona industrial y desde el Almirantazgo se propuso la posibilidad
de lanzar un ataque sobre dichas instalaciones con el fin de boicotear su
producción energética. No obstante, por aquel entonces los británicos

todavía no disponían de suficiente capacidad militar para lanzar un bombardeo de saturación o en alfombra. Este consistía en lanzar una gran cantidad de bombas de caída libre combinadas con bombas incendiarias con el fin táctico de destruir totalmente la zona del objetivo. Por otra parte, las presas alemanas estaban debidamente protegidas con una serie de redes antitorpedos, por lo que un ataque de este tipo también fue desechado. La misión parecía imposible hasta que entró en escena la figura de un brillante científico inglés.

Tras estallar la Segunda Guerra Mundial, el ingeniero británico Barnes Wallis trabajaba en la fábrica aeronáutica Vickers-Armstrongs como especialista en el diseño estructural de aeronaves cuando recibió el encargo de estudiar las diferentes posibilidades de atacar las presas del Ruhr. Valiéndose de un artículo publicado en 1932 por el mismo ingeniero que había diseñado la presa del Möhne, Wallis estudió los detalles técnicos y estructurales de aquella construcción concluyendo que era factible destruirla, al igual que el resto de presas.

Inaugurada en 1913 tras cinco años de construcción, la presa del Möhne contaba con un muro de contención de 40 metros de altura por 34 metros de ancho y 640 metros de longitud. Con una capacidad de embalse que alcanzaba los 140 millones de toneladas de agua, está situada a unos 45 kilómetros al este de Dortmund y recogía las aguas de los ríos Möhne y Heve.

El inicial optimismo de Wallis pronto se vio truncado cuando tras varios ensayos, comprobó que haría falta una bomba de 40 toneladas para destruir el muro de contención de la presa. Por aquel entonces, el bombardero con mayor capacidad de carga apenas llegaba a las 10 toneladas. El científico no desfalleció y siguió probando distintos tipos de cargas explosivas hasta que dio con un genial artilugio: una bomba capaz de rebotar sobre el agua y sortear las redes antitorpedos de las defensas alemanas. El ingenio recibió el nombre de *bouncing bomb* (bomba de rebote), tenía forma cilíndrica, rotaba hacia atrás a 500 revoluciones por minuto durante su vuelo y si era lanzada a una altitud lo suficientemente baja y a una velocidad prefijada, era capaz de rebotar varias veces sobre la superficie del agua antes de alcanzar el objetivo (en este caso, el muro de contención de la presa). Dicho así parece algo increíble, sensación que también experimentaron los altos mando de la Oficina de Guerra británica.

A los aliados no se les pasó por alto la importancia estratégica de la zona industrial
de la cuenca del Ruhr.

El proyecto fue aplazado una y otra vez hasta que a finales de 1942, Wallis consiguió embarcar un prototipo de su bomba rebotante a bordo de un bombardero Wellington. Una vez en mar abierto, la *bouncing bomb* fue lanzada al vacío y apenas rebotó dos veces antes de explosionar. El fracaso fue decepcionante pero a Wallis le sirvió para esmerarse en fabricar una envoltura más resistente para proteger a la bomba durante los sucesivos impactos. Apenas ocho días después, realizó un segundo ensayo con la asistencia de varios miembros del comité científico del Ministerio de Suministro. La prueba se hizo con éxito cerca de Reculver, una pequeña localidad al sudeste de Inglaterra, y finalmente Wallis recibió el beneplácito y, lo más importante, apoyo económico para seguir desarrollando su artilugio. Cuando estuvo listo, el artefacto tenía una apariencia de gran tambor, con unas dimensiones de 152 cm de longitud y 127 cm de diámetro, y un peso de entre 4,2 y 5,5 toneladas. En su interior contaba con 3 toneladas de explosivo Torpex, originalmente desarrollado para el uso en torpedos y especialmente útil en municiones subacuáticas porque el aluminio tenía el efecto de hacer que la explosión durara más tiempo, lo cual mejoraba su potencia destructora. Teóricamente, una vez lanzada la bomba sería capaz de realizar hasta 7 rebotes sobre el agua hasta chocar contra el muro de contención de la presa y retrasar su detonación hasta alcanzar los 9,1 metros de profundidad, punto en el que había un 80% de posibilidades de demoler con éxito la estructura de la presa.

Gibson y su Escuadrón X

Una vez solucionado el aspecto técnico, la siguiente fase preparatoria antes del ataque aliado a las presas del Ruhr consistió en formar un comando entrenado para el lanzamiento de la bomba. Para ello, en marzo de 1943, el comandante Guy Gibson recibió el encargo de formar una escuadrilla con los mejores pilotos de bombardeo de la RAF. Por sus labores de bombardeo nocturno de precisión en el Frente Europeo, Gibson había recibido la Cruz de Vuelo Distinguido en 1940 y dos años más tarde había destacado de nuevo como aviador nocturno derribando en un combate aislado a un as alemán, Hans Hahn, quien pilotaba un JU 88 sobre Gratham (Inglaterra). Entre los suyos era muy respetado aunque tenía fama de soberbio, frío y engreído. Con apenas 23 años, entre los altos mandos de la RAF estaba considerado como uno de sus mejores pilotos de bombardero. Una estima que en 1943 hizo que el vicemariscal Ralph Cochrane lo solicitara para liderar el llamado Escuadrón de Tareas Especiales n.º 617, más conocido como Escuadrón X. Apenas 48 horas después de recibir la orden del Ministerio del Aire, Gibson ya contaba con un escuadrón de 133 hombres con base en Scampton, al este de Inglaterra. Entre ellos destacaban 21 de los mejores pilotos de la RAF, la mayoría de ellos británicos y canadienses. Todos ellos se sometieron durante dos meses a todo tipo de maniobras diurnas y nocturnas sobrevolando los lagos y valles escoceses. Fundamentalmente, practicaban vuelos a baja altura, así como el lanzamiento de bombas a solo 18 metros sobre el nivel del mar y a una velocidad de 354 km/h. Según Wallis, esta era la altitud y velocidad ideal para conseguir que la bomba rebotara varias veces antes de impactar contra el objetivo. Como los altímetros de los bombarderos marcaban mediciones de altitud mínimas superiores a los 18 metros, Wallis ideó también un ingenioso sistema para solucionarlo. Este consistía en dos focos instalados en la parte delantera y trasera del avión con una inclinación determinada cuyos círculos de luz sobre el agua solo convergían entre sí cuando el avión estaba a la altura correcta.

Para la misión, la RAF concedió al Escuadrón X un total de 23 bombarderos Lancaster debidamente modificados con un bastidor-lanzador de bomba en revolución y una bahía abierta sin compuertas en lugar de la bahía de carga de bombas estándar.

La fecha del ataque se acercaba y con el fin de localizar las defensas antiaéreas de la zona, se realizaron varios vuelos de reconocimiento fotográfico. Asimismo, estas misiones permitieron calcular cuál sería la fecha en que el agua de los embalses alcanzaría su máximo nivel. Inicialmente, se determinó que la Operación Chastise se realizaría durante la noche del 26 de mayo de 1943, aprovechando que coincidía con la fase de luna llena. El plan original consistía en realizar tres olas de ataques individuales a la represas de Möhne, Eder y Sörpe, denominadas respectivamente como Blanco X, Blanco Y y Blanco Z. Previamente y como maniobra de distracción, una flota compuesta por varios aviones Mosquito, Wellington y Lancaster atacarían el estuario de Scheldt y las Islas Frisias holandesas para atraer la atención de los cazas nocturnos alemanes situados en las bases contiguas a las represas.

¡Bomba fuera!

La escuadrilla de ataque se dividió en tres formaciones. Bajo el mando de Gibson, la primera estaba formada por 9 bombarderos que se encargarían de atacar la presa de Möhne y más tarde dirigirse a la de Eder. El segundo grupo estaba comandado por el teniente de vuelo Joe McCarthy, contaba con cinco bombarderos y debía encargarse de bombardear la presa del Sörpe. El tercer grupo también estaba compuesto por cinco bombarderos que bajo el mando del sargento de vuelo Ken Brown debía despegar dos horas más tarde para cubrir cualquier contingencia de los ataques y, si no fuese necesario, atacar las represas de Ennepe, Henne y Lister. El centro de comandos del comité se estableció en St Vincent Hall, Lisconshire.

De forma imprevista, la fecha de la operación se adelantó al 16 de mayo y a las 21:59 despegó desde la base de Scampton la primera formación del Grupo n.º 2 comandada por el teniente McCarthy, y a las 22:07 despegó el grupo de Gibson. El tercer grupo esperó dos horas antes de partir hacia Alemania, haciéndolo cuando pasaban diez minutos de la

El artefacto tenía una apariencia de gran tambor.

medianoche. Tras recorrer unos 300 kilómetros, hacia las 11 de la noche ambas formaciones ingresaron en territorio alemán por el estuario de Scheldt, introduciéndose por un angosto corredor cerca de Eindhoven para más tarde enfilar hacia el este en dirección a Ahien. Pocos minutos después de medianoche, el grupo de Gibson alcanzaba su objetivo. Así relata el propio Gibson cómo transcurrió el ataque de su grupo en su libro de memorias *Enemy coast ahead*:

Entre Hamm y Soest giramos a la derecha, desde donde veíamos las colinas del Ruhr. Mientras las sobrevolábamos apareció ante nosotros el lago Möhne y luego la presa, majestuosa e inasequible. No había reflectores y tampoco pudimos determinar cuántas piezas de artillería antiaérea habría abajo. Mientras dábamos la vuelta al lago me comuniqué con los aparatos de mi formación. Nos situamos en posición de ataque y volamos por encima de las colinas, en dirección a la orilla oriental del lago. Picamos hasta los dieciocho metros y abrimos los alerones, con objeto de lograr la velocidad correcta. Entonces divisamos las torres y el resto de los detalles del embalse. Los alemanes abrieron fuego; el momento fue terrible para nosotros. Todavía estábamos a varios centenares de metros sobre la presa; ya había empezado a funcionar el mecanismo especial que haría caer la bomba, haciéndola girar. Había algo sobrecogedor en toda la operación. Mi aparato parecía un insecto comparado con la enorme presa. Olí a pólvora quemada y vi las balas trazadoras pasar junto a la cabina. Luego escuché una orden: '¡Bomba fuera!'. Mientras volábamos en círculo vimos cómo la bomba, al tocar el agua, elevaba una columna líquida de unos cien metros de altura. Al principio creímos que el muro de la presa ya estaba destruido. Detrás de nosotros seguía otro avión y cuando se hallaba a unos cien metros de distancia alguien exclamó: «¡Dios mío, lo han alcanzado!». Vi cómo había lanzado la bomba; el avión cayó cerca de la central eléctrica. Ordené al tercero que atacara y su bomba cayó al agua de forma impecable. De nuevo se oyó una tremenda explosión que agitó la superficie entera del lago. Si la teoría de Wallis era acertada, el muro de contención tenía que haberse resquebrajado; sin embargo, esto no se logró hasta después de la sexta explosión. Di la vuelta y no pude creer lo que veían mis ojos. En el muro había un enorme boquete de casi cien metros y el agua se precipitaba hacia el valle. Los antiaéreos enemigos habían dejado de hacer fuego. Continuamos el vuelo hacia la presa del Eder. Apenas pudimos distinguir el muro, ya que la niebla comenzaba a extenderse por el valle. Aunque la presa carecía de defensas, nos costó mucho esfuerzo destruirla y perdimos un avión. Lo mismo que en la presa anterior, un inmenso caudal se precipitó en dirección al valle. Ordené a mis hombres poner rumbo a la base. [1]

Por su parte, el grupo de McArthy no estuvo tan afortunado. De los cinco bombarderos, tres fueron derribados por las baterías antiaéreas alemanas y otro se vio obligado a regresar a la base al perder la bomba durante el vuelo. Solo el aparato de McArthy pudo alcanzar el objetivo y lanzar su bomba rebotadora aunque apenas causó daños serios en el muro de contención de la presa de Sörpe. Para cubrir su ataque fallido, se envió al tercer grupo de reserva pero solo llegaron dos aviones y el resultado de los bombardeos también fue negativo.

Finalmente, entre las 3 y las 4,30 de la madrugada del 17 de mayo de 1943 regresaron los 11 aparatos sobrevivientes de la operación. Esta se

---

1. *Enemy Coast Ahead*, Guy Gibson, Pan Books, 1946.

saldó con la semidestrucción de las presas de Möhne y Eder provocando que más de 300.000 metros cúbicos de agua liberada arrasaran un centenar de fábricas de armamento, varios pueblos y ciudades de la zona, paralizando temporalmente la producción de acero.

Pero los alemanes reaccionaron con celeridad. Al día siguiente del ataque, el ministro de Armamento, Albert Speer, sobrevoló la zona y redactó un informe para el Führer. Hitler ordenó movilizar de inmediato varias brigadas de trabajadores empleados en levantar la Muralla del Atlántico y tras un titánico esfuerzo, en octubre de ese mismo año las presas volvían a funcionar con normalidad. Eso sí, para evitar un nuevo ataque, se instalaron varias baterías antiaéreas pesadas, generadores de niebla artificial, reflectores y redes metálicas.

Por los servicios prestados durante la operación, Guy Gibson recibió la Cruz de la Victoria y la escuadrilla 617 se convirtió en un grupo de élite que recibiría a partir de entonces varias misiones especiales, como la Operación Catequismo destinada al hundimiento del acorazado *Tirpitz*, el 12 de noviembre de 1944.

13

Comandos alemanes

Operación Granito: ¿un fuerte inexpugnable?

El 20 de noviembre de 1939, Adolf Hitler firmó su Directiva de Guerra n.º 8 en la que aprobaba la invasión de Bélgica, Holanda y Luxemburgo. En dicha orden especificaba que la invasión y ocupación debía ser lo más pacífica posible y que debían evitarse los bombardeos contra las ciudades belgas y holandesas. En lo que se refiere a los planes para penetrar en Bélgica, el Tercer Reich contemplaba que el Sexto Ejército alemán del general Walter von Reichenau cruzara el río Mosa y desbordara a las tropas belgas para luego encaminarse hacia Tirlemont y neutralizar la zona más protegida al norte de Lovaina. En este sector se incorporaría la 4.ª División Panzer y por el 151.º Regimiento de Infantería del XX-VIII Cuerpo de Ejército.

No obstante, nada más cruzar la frontera, los alemanes sabían que iban a toparse con una de las posiciones belgas mejor protegidas, el fuerte Eben Emael, situado junto al Canal Alberto y el río Mosa. Construida entre 1931 y 1935, esta fortaleza tenía una merecida reputación de inexpugnable al aprovechar el propio canal como una barrera natural capaz de repeler cualquier ataque por tierra.

Los alemanes sabían que neutralizar este primer escollo era clave para el desarrollo de la invasión. Y la única forma de conseguirlo era por aire. Así que se encomendó la misión a la unidad paracaidista Sturmabteilung Koch (SA Koch o Destacamento de Asalto Koch), cuyo nombre se debía al oficial Walther Koch. Para ello, sus hombres recibieron entrenamiento en Hildesheim bajo condiciones de alto secreto pues iban a utilizar por primera vez dos nuevas armas, la carga hueca y el planeador. No se escatimaron medios e incluso llegaron a utilizarse, por su parecido, las instalaciones y posiciones fortificadas checoslovacas de los Sudetes, en posesión de los alemanes desde 1938. También se construyeron varias maquetas del lugar gracias a los informes recibidos por parte de varias empresas que habían participado en la construcción de la fortaleza.

La unidad contaba con 11 oficiales y un total de 427 suboficiales y soldados, así como 42 pilotos expertos en comandar planeadores de asalto DFS 230 con una capacidad máxima de 10 soldados con su equipo.

Granit, Eisen, Stahl y Beton

Para la llamada Operación Granito, fijada el 10 de mayo de 1940, la unidad de asalto se dividió en cuatro subgrupos con los nombres en clave Granito, Hierro, Acero y Hormigón (Granit, Eisen, Stahl y Beton) para los respectivos comandos destinados a Eben Emael, Kanne, Veldwezelt y Vroenhoven. Dichos nombres tenían relación con el material del que estaba hecho cada puente, pues destruir dichas estructuras era la clave para el éxito de la operación.

Un día antes del ataque, los hombres del SA Koch se trasladaron a los aeródromos de Colonia-Ostheim y Colonia-Butzweilerhof desde donde despegaron a las 4:30 de la madrugada del día 10. El grupo Acero contaba con 91 hombres bajo el mando del teniente Gustav Altmann y su misión consistía en tomar intacto el puente de Veldwezelt, junto a la frontera holandesa. Se trataba de una estructura de 115 metros de longitud y 9 metros de ancho defendida en el lado oeste por un búnker N. También contaba con otras medidas defensivas como verjas móviles (elementos Cointet) cuya función era impedir el desembarco de tropas y vehículos, así como varias garitas acantonadas y un sistema de tres cámaras destinadas a albergar explosivos listos para estallar en caso necesario.

Hacia las 5 de la mañana, el planeador encargado de neutralizar el búnker del puente de Veldwezelt aterrizó cerca del objetivo y su dotación se enfrentó a los defensores belgas que intentaron repeler el asalto lanzando granadas de mano y disparando a través de las mirillas del búnker.

Los alemanes sabían que una de las posiciones belgas mejor protegidas
era el fuerte Eben Emael, junto al río Mosa.

Los Fallschirmjäger[1] lograron repeler el ataque y colocar cargas explosivas en los orificios lanzagranadas del búnker que al estallar acabaron con la vida de sus ocupantes. Asimismo, el resto de defensas del puente fueron desactivadas con tan solo nueve bajas por parte alemana y, una vez consolidada su ocupación, los comandos de Altmann fueron revelados durante la tarde por soldados del 51.º Batallón de Zapadores.

Por su parte, el grupo Hormigón contaba con 109 hombres y 11 planeadores bajo el mando del lugarteniente Gerhard Schacht. Su misión era capturar el puente de Vroenhoven, una estructura de hormigón armado de 117 metros de longitud y 9 metros de ancho que se elevaba unos 24 metros por encima del Canal Alberto. Como elementos defensivos contaba con dos cámaras para explosivos y tres búnkeres al oeste, noroeste y sudoeste del mismo, así como garitas y verjas móviles.

Hacia las 5:15 de la mañana, los paracaidistas del grupo Acero se lanzaron desde los planeadores que sobrevolaban la zona. El aterrizaje fue complicado y así lo explicó más tarde el comando Theo Schmitt, miembro del grupo 4: «Al llegar a nuestro objetivo, todavía volábamos a 1.200 metros de altura, cuando deberíamos haberlo hecho a 400 metros. Así que tuvimos que aterrizar casi en picado. La maniobra fue complicada y

1. Unidad de élite creada por la Wehrmacht y formada por paracaidistas especializados en operaciones de asalto.

arriesgada (es fácil imaginar 11 planeadores silenciosos dando vueltas muy cerca uno de otro sobre un área pequeña). En lugar de aterrizar a la velocidad prevista de 50 km/h, lo hicimos a unos 120 km/h. Y claro, en vez de aterrizar a 40 metros de nuestro objetivo, nos paramos a 100 metros de él. Gracias al alambre de espino que envolvía los patines de nuestro planeador y al freno de emergencia pudimos aterrizar en unas condiciones más que aceptables; de otro modo, habríamos ido directos al canal. A consecuencia del aterrizaje, nuestro aparato estuvo a punto de capotar; además, la cuerda que amarraba las cajas de munición se rompió y estas se me echaron encima. Tuve suerte y no me pasó nada. Ahn, herido, me gritó: "¡Rápido, vete al puente!". Me lo repitió otras tres veces antes de que saliera. Una vez fuera, cuatro o cinco soldados belgas corrían hacia mí desde las trincheras. Mi subfusil no funcionaba, así que comencé a disparar con mi pistola tan pronto como los tuve a tiro. Ahn, que estaba tumbado junto a la puerta, me gritó: "¡Detrás!". Salté y vi un soldado con condecoraciones que estaba de pie junto a mí. Disparé y le alcancé en la mano derecha. Su arma saltó y él cayó al suelo. Seguí buscando algún arma que disparara. Wohlgemuth me dio su ametralladora. La tomé, me di la vuelta y corrí hacia la siguiente trinchera, abriendo fuego contra los soldados que se encontraban allí. Lo hice porque suponían una amenaza para el resto de mi equipo, apuntando sus armas a los cascos de los heridos. Desbaraté su acción. Salté a otra trinchera y, de repente, un soldado escondido me golpeó con su arma en la cabeza. Instintivamente, le devolví el golpe en la espinilla, tras lo cual, soltó el arma y comenzó a gritar. ¡Cuál fue mi sorpresa cuando me percaté de que era mi camarada Jupp Klose, quien me había confundido. Fue entonces cuando Schmitt vio caer herido a su Oberjäger Rudolf Bading cuando se dirigía con una carga hueca de 12,5 kg hacia uno de los búnkeres defensivos del puente. Schmitt cogió la carga, atravesó el alambre de espino, adosó el explosivo en la puerta acorazada y cortó la mecha que los belgas ya habían prendido para hacer estallar el puente. Media hora después de iniciar el asalto, el puente ya había sido tomado por los alemanes. Los zapadores paracaidistas del grupo n.º 3 del Oberjäger Gahno se encargaron de desactivar el resto de cargas».[2]

2. *El ataque silencioso sobre el Canal Alberto*, Óscar González, Revista Ares, Galland Books.

El grupo Hierro estaba formado por 10 planeadores y 89 hombres al mando del lugarteniente Martin Schächter. Su misión era tomar el control del puente de Kanne pero cuando sus planeadores estaban a punto de aterrizar los belgas volaron el puente para evitar que cayese en sus manos. Así las cosas, los alemanes tuvieron que hacer frente a un ataque donde el factor sorpresa brillaba por su ausencia y en el que llegaron a perder 22 hombres. De todas formas, el comando alemán se esforzó en tomar posiciones en la cabeza del puente para que más tarde los zapadores pudiesen construir una pasarela sobre los restos dinamitados. Schächter fue gravemente herido durante el asalto y tomó el mando el alférez Meissner. Como refuerzo del grupo Hierro, a las 6:10 de la mañana dos Ju52 lanzaron otros 24 paracaidistas sobre la zona. Lo hicieron sobre la colina norte, unos 500 metros al oeste de donde lo tenían planeado. En consecuencia, se quedaron sin cobertura y a merced del fuego belga que acabó con la vida de 14 de ellos antes de tocar tierra. A pesar de las dificultades, hacia las 7 de la tarde el grupo Hierro se hizo finalmente con el control del puente desbaratando todos los intentos belgas por defenderlo.

El grupo Granito, compuesto por 11 planeadores y 85 hombres al mando del lugarteniente Rudolf Kilzig era el encargado de tomar directamente la fortaleza. Con la ayuda de las cargas huecas los comandos penetraron fácilmente en la blindada cúpula del inexpugnable fortín. Por aquel entonces, este tipo de explosivo prácticamente no se había utilizado y su efectividad sorprendió gratamente a los hombres de Kilzig que descendieron por los pasadizos subterráneos de la fortaleza para entablar un duro combate con los belgas allí refugiados. Divididos en once pelotones, cada grupo constaba de 8 hombres armados con ametralladoras, granadas y lanzallamas, así como varias cargas huecas. Tras 36 horas de enconado enfrentamiento, los exhaustos comandos alemanes forzaron la rendición de la guarnición belga, compuesta por unos 1.200 hombres.

Operación Greif: el último cartucho de Hitler

Tras el desembarco de Normandía, el frente alemán estaba muy mermado y prácticamente vencido en el oeste y el este. Los aliados se habían apoderado de Aquisgrán y avanzaban decididamente hacia Alemania. A

pesar de la crítica situación, Hitler estaba convencido de que podía re-
vertirse abriendo en otoño de 1944 una brecha entre ingleses y norteamericanos en la que se consideraría como la última gran contraofensiva de
los alemanes en la Segunda Guerra Mundial. Su idea era concentrar un
poderoso ejército, alrededor de 45 divisiones, tras la Línea Sigfrido que
protegía la frontera con Alemania, para lanzarlo contra las líneas norteamericanas siguiendo el curso del río Mosa y alcanzando el puerto
belga de Amberes. Una vez derrotado o forzada la retirada del Ejército
norteamericano, el plan era cercar al 2.º Ejército británico más al norte,
en la demarcación con Holanda dentro de una bolsa que les obligaría a
retirarse al mar como hicieron durante la invasión de Francia en 1940. Si
la llamada batalla de las Ardenas funcionaba tendría tiempo de rearmar-
se y volver a plantar cara a los aliados.

Según Hitler, el éxito de la operación estaba asegurado a pesar de
que varios oficiales militares alemanes, como Walther Model y Gerd Von
Rundstedt, dudaban del éxito de la ofensiva. Ambos creían que el plan
de Hitler era excesivamente ambicioso y presentaron sendas alternativas
(la Operación Herbstnebel y la Fall Martin), pero ambas fueron rechaza-
das por el Führer.

Conocida como «Watch Am Rheim» (Alerta en el Rin), la principal
operación de asalto de las tropas alemanas en la batalla de las Ardenas
se llevó a cabo a principios de diciembre de 1944. En un frente seleccio-
nado a unos 100 kilómetros de Monschau y Echternach, al oeste de Schnee Eifel, los alemanes se concentraron en una meseta con grandes bosques, ideal para ocultar a un descomunal número de tropas. El Sexto
Ejército Panzer SS, bajo el mando del Obergruppenführer Sepp Dietrich,
con nueve divisiones y cuatro de ellas acorazadas debían lanzarse hacia
el Mosa para cruzarlo por ambos lados de Lieja para llegar hasta Amberes en unos cinco días. Por su parte, el Quinto Ejército Panzer, bajo el
mando del general Hasso von Manteuffel debía cruzar también el Mosa,
entre Amay y Namur, para impedir a lo largo de la línea Amberes-Bru-
selas-Dinant la acción de las reservas aliadas procedentes del oeste contra el flanco y la retaguardia del 6.º Ejército. Para ello disponía de hasta
siete divisiones, cuatro acorazadas, y una punta de lanza formada por la
División Panzer Lehr, comandada por Fritz Beyerlein. Mientras, el Sép-
timo Ejército, bajo el mando del general de artillería Eric Brandenberger,
debía encargarse de cubrir los flancos sur y sudoeste de las tropas de

Conocida como «Watch Am Rhein», esta operación se llevó a cabo a principios
de diciembre de 1944.

asalto. Para ello disponía de siete divisiones con un amplísimo dispositivo artillero. También participaron en un papel secundario el 15.° Ejército, bajo el mando del general Gustav-Adolf Zangen.

Incursiones secundarias fallidas

Asociadas a esta operación central, la batalla tenía otras operaciones secundarias de apoyo. Con el fin de obtener superioridad aérea para permitir a las Waffen-SS y a la Wehrmacht continuar su avance en el Frente occidental, se llevó a cabo la llamada Operación Bodenplatte. El ataque masivo por sorpresa se realizó el 1 de enero de 1945 sobre distintos aeródromos aliados en Bélgica, sur de Holanda y Francia. El raid logró destruir numerosos aviones británicos y norteamericanos pero en líneas generales fracasó. La Luftwaffe empleó un total de 850 aviones en la operación, siendo destruidos 280 aparatos y averiados otros 69, mientras que perdieron 213 pilotos, entre muertos y apresados. Por su parte, los aliados perdieron 305 aviones destruidos en tierra y otros 190 fueron averiados, mientras que otros 25 aparatos se perdieron en combate contra los alemanes, pereciendo apenas 14 aviadores. El ataque no alteró realmente la superioridad aérea aliada pero, en cambio, para los alemanes supuso un duro revés.

Otro de los asaltos previos de apoyo a la batalla de las Ardenas fue la llamada Operación Stösser. Su principal objetivo era tomar y retener el cruce «Barque Michel» hasta la llegada de la 12.ª División Panzer de las SS. Para llevar a cabo la misión, el 8 de diciembre de 1944 el Generaloberst Kurt Student convocó al comandante de la Escuela de Paracaidistas en Aalten (Holanda), el Oberstleutnant Friedrich August Freiherr von der Heydte. Durante el encuentro secreto, Student, que en aquel momento ejercía como comandante del Grupo de Ejércitos H, ordenó a Heydte organizar un kampfgruppen o grupo de combate para lanzar una operación aerotransportada en el Frente Occidental. Con apenas una semana para formar el comando, Heydte solicitó recurrir a su propio regimiento de paracaidistas, pero el Alto Mando alemán temía que el movimiento de todo un regimiento podía alertar a los aliados y finalmente ordenó a todos los regimientos paracaidistas del Frente Occidental que cedieran a 100 de sus hombres más experimentados. Lógicamente, los generales del cuerpo de paracaidistas no estaban dispuestos a ceder a sus mejores hombres y optaron por mandar a los más inadaptados o alborotadores. El grupo formado dejaba mucho que desear y el propio Heydte llegó a comentar más tarde: «Nunca en toda mi carrera había estado al mando de una unidad con menor espíritu de lucha».[3] Así se lo hizo ver al mariscal Walther Model cuando el 13 de diciembre acudió a sus cuarteles del Grupo de Ejércitos B cerca de Münstereifel para quejarse de la dotación de su comando. «Debe hacerse como sea porque esta ofensiva es la última oportunidad de concluir la guerra favorablemente,»[4] le dijo el general convencido de las pocas posibilidades que tenía aquella operación.

Finalmente, el grupo de Heydte estaba formado por casi 900 soldados divididos en una sección de transmisiones (Nachrichenzug), 4 compañías de cazadores paracaidistas (Jäger-Kompanien), una compañía pesada (la 5.ª Komp) y una compañía de zapadores (Pionner Komp). Bajo el mando

    3. *Battle of the Bulge: Hitler's Ardennes Offensive, 1944-1945,* Danny S. Parker, Da Capo Press, 1998.
    4. *Battle of the Bulge: Hitler's Ardennes Offensive, 1944-1945,* Danny S. Parker, Da Capo Press, 1998.

general de Heydte y sus segundos, los tenientes Köhne, Wagner, Le Coutre y Wiegand. Todos ellos embarcaron a bordo de un centenar de JU-52 que despegaron de los aeródromos de Lippespringe y Padeborn la madrugada del 17 de diciembre bajo unas adversas condiciones climatológicas. El lanzamiento de paracaidistas fue un auténtico desastre. La inexperiencia de los pilotos, unida a la espesa niebla y los vientos de más de 35 millas por hora hicieron que los paracaidistas cayeran muy dispersos y que una mínima fracción del comando llegara cerca de la zona prevista. Semejante dispersión provocó la alerta de los aliados que pensaron que aquello se trataba de una operación a gran escala. Como respuesta, todo un regimiento de infantería de EE.UU. de 3.000 hombres (el 18.º de Infantería) junto con un comando de combate blindado de 300 tanques y 2.000 hombres buscaron durante varios días a la fuerza alemana.

Hacia el mediodía del día 17, los hombres de Heydte poco a poco se habían reagrupado y el grupo ya contaba con unos 300 soldados pero apenas tenían municiones para tomar por sí mismos el objetivo y carecían de radio para comunicarse con los mandos. Para empeorar las cosas, tan solo les quedaba reservas de comida para un día y agua muy limitada, así que finalmente el 19 de diciembre Heydte ordenó a sus hombres retirarse hacia las líneas alemanas. Tras varios días de marcha, apenas un tercio de los hombres llegaron hasta la retaguardia alemana. El propio Heydte, herido, con signos de congelación y completamente agotado se entregó a los aliados quienes lo retuvieron en Inglaterra como prisionero hasta julio de 1947.

Skorzeny, el preferido de Hitler

La tercera operación de apoyo a la batalla de las Ardenas recibió el nombre de Greif y su misión era provocar el caos en la retaguardia norteamericana. Para comandar la operación, el 22 de octubre de 1944, Otto Skorzeny fue convocado al cuartel general del Führer en Rastenburg. Este especialista en operaciones especiales gozaba de una absoluta admiración por parte de Adolf Hitler. Recientemente, Skorzeny había comandado con éxito una operación para rescatar a Benito Mussolini, había raptado al hijo del regente de Hungría evitando que este rindiera su país a los rusos y finalmente había ayudado a poner fin a la rebelión cuando el 20 de julio de 1944 un grupo de altos oficiales del Ejército alemán había tratado de atentar contra la vida del Führer. Era el hombre ideal para liderar la Operación Greif. «Me habló de la enorme cantidad de material que se había acumulado y afirmó que tendríamos 6.000 piezas de artillería en las Ardenas y además que la Luftwaffe contaría con aproximadamente unos 2.000 aviones, incluidos muchos de los nuevos reactores. Me dijo entonces que iba a mandar una Brigada Panzer entrenada para alcanzar los puentes sobre el Meuse y tomarlos intactos»,[5] recordó más tarde el propio Skorzeny.

En apenas cinco semanas debía formar y entrenar a una unidad de élite llamada Panzer Brigade 150 equipada con carros, cazacarros autopropulsados, semiorugas, camiones, jeeps, armas y uniformes, todos de origen norteamericano, así como personal con conocimientos de inglés y norteamericano. Para la infantería, Skorzeny echó mano de su propia unidad, una compañía del SS-Jagdverbande Mitte y 2 del SS-FallschirmJaeger-Abteilung 600. También se le asignaron 2 batallones FallchirmJaeger de la Luftwaffe del Sondervenbaende Jungwirht y la 7.ª PanzerGrenadier Kompanie. Los carristas fueron proporcionados por la 6.ª División Panzer y la PanzerJager-Abteilung 655, 1.ª Kompanie. Y como conductores de vehículos de reconocimiento se le asignó personal de la 2.ª División Panzer y de la 90 División PanzerGrenadier. En total, pudo reunir a unos 2.500 hombres.

Para la operación, Skorzeny dividió a su Brigada Panzer en 3 Kampfgruppes o grupos de asalto: el KG-X bajo las órdenes del SS-Obersturmbannfuhrer Willi Hardieck, el KG-Y mandado por el Haupmann Scherff y el KG-Z mandado por el Oberstleutnant Wolf. Cada unidad disponía de una compañía Panzer a su cargo a cuyos carros se le soldaron planchas metálicas para simular la forma de los cazacarros M10 norteamericanos, además de pintarlos de verde y colocarles la clásica estrella de 5 puntas.

Hasta el 10 de diciembre no se informó a los jefes de cada brigada sobre la verdadera misión que les esperaba. Skorzeny recordó más tarde:

La misión de la Panzer Brigada era tomar por lo menos dos de los puentes sobre el Meuse. Esta acción tenía que comenzar cuando el

5. *La guerra desconocida*, Otto Skorzeny, AQ Ediciones, 1976.

ataque de las unidades Panzer alcanzara Hohes Venn, en la línea noreste sureste, desde Spa. En este momento, mis tropas tenían que avanzar durante la noche y alcanzar el objetivo seis horas mas tarde. El plan original señalaba que el ataque alcanzaría Hohes Venn el primer día y que nosotros avanzaríamos esa misma noche. Los tres grupos deberían progresar, con el elemento sorpresa y sin combatir, por las rutas establecidas hacia los puentes.[6]

Por otro lado, Skorzeny disponía de un grupo de 150 hombres con absoluto dominio del inglés para realizar misiones de comandos. Vestidos con uniforme norteamericano y a bordo de jeeps, su misión fue demoler puentes y depósitos de combustible y munición, realizar patrullas de reconocimiento, pasar órdenes falsas al enemigo, marcar campos de minas inexistentes, etc. También como avanzadilla de la PzB-150, realizaron misiones de reconocimiento y sabotaje.

Finalmente, el 14 de diciembre de 1944 la PanzerBrigade 150 alcanzó su zona de reunión cerca de Munstereifel. Y el 16 los 3 Kampfgruppes avanzaron para tomar posiciones con las divisiones a las que habían sido asignados: la 1.ª División SS Panzer, la 12 División SS Panzer y la 12.ª División VolksGrenadier. Por su parte, el comando de Skorzeny se colocó tras la vanguardia de estas unidades para rebasarlas cuando alcanzaran Hohes Venn. Vestidos con uniforme norteamericano y montados en varios Jeeps, se infiltraron en las filas del enemigo y comenzaron a fomentar el desconcierto. Para poder distinguirse entre ellos solían llevar desabrochado un botón, se daban dos golpes en el casco o llevaban pañuelos de colores.

Otto Skorzeny gozaba de una absoluta admiración por parte del Führer.

6. *Vive peligrosamente*, Otto Skorzeny, Ed. Acervo, Barcelona, 2004.

Tras varios días realizando incursiones en el territorio ocupado por los aliados, los hombres de Skorzeny recibieron la orden de tomar el importante cruce de carreteras de Malmedy y así penetrar en la sierra de Elsenborn, tras las posiciones norteamericanas para apoyar a la 12 SS Panzer. Finalmente, el 28 de diciembre fueron revelados por una división de infantería encargada de asegurar la cobertura del flanco norte. En su libro de memorias, Otto Skorzeny se refería así a los resultados de la Operación Greif:

> Era evidente que nuestra ofensiva había fracasado y con ella la operación. No habíamos podido llegar hasta los puentes de Mosa. En cuanto a la labor de nuestros equipos del comando especial, su importancia real se nos escapaba, aunque algunos parecían haber efectuado un buen trabajo detrás de las líneas. Solamente ocho equipos, cada uno de ellos compuesto por 4 falsos americanos, es decir, 32 hombres en total, habían penetrado profundamente detrás de las líneas enemigas, 24 habían regresado, 8 fueron considerados como desaparecidos el 29 de diciembre de 1944, fecha en la cual los restos de la brigada 150 fueron enviados a descansar a Schleierbach. [7]

En su libro *La guerra desconocida*, Skorzeny describe el contenido de algunos de informes que le fueron reportados por sus hombres:

> El capitán Huy fue uno de los que penetró más lejos en las líneas enemigas. Instalado en un cruce de carreteras, envió a una columna blindada americana al campo. Nuestro servicio de escucha confirmó que el Estado Mayor del primer Ejército americano buscó en vano a esta unidad durante casi dos días. Se la creyó aniquilada y capturada durante una misteriosa batalla. Ese mismo equipo cortó los cables telefónicos y cambió los postes indicadores de las unidades de apoyo logístico americanas. Otro coche comando atravesó el Mosa sin dificultad cerca de Amay. Sus ocupantes señalaron por medio de lazos rojos que las carreteras que conducían al frente estaban minadas, lo que obligó a las columnas de refuerzo enemigas a dar marcha atrás

---

7. *Vive peligrosamente*, Otto Skorzeny, Ed. Acervo, Barcelona, 2004.

y hacer grandes rodeos. Otro comando hizo retroceder a una unidad de infantería americana entre Poteaux y Grand Halleux, asegurando que los alemanes se encontraban ya más hacia el oeste, del lado de Lierneux. Los oficiales americanos dieron las gracias antes de marcharse.[8]

El 31 de diciembre de 1944, Hitler convocó a Skorzeny a su Cuartel general. Tras interesarse por sus heridas, el Führer se lamentó de que la ofensiva no hubiera alcanzado los objetivos previstos. Sin embargo, estaba satisfecho porque el adversario había sufrido graves pérdidas y, sobre todo, porque el ataque había supuesto un golpe muy duro para su moral. «Eso es lo importante. El soldado americano o británico pensaba que solo era cuestión ya de un paseo militar. Sus jefes se lo habían asegurado. ¡Pero he aquí el moribundo que se yergue y toma lo ofensiva! ¡Solo en Schnee Eifel hemos arramblado diez mil prisioneros! ¡No podemos esperar a que vengan a estrangularnos! La única solución para Alemania es el combate victorioso. No hay otra»,[9] aseguró Hitler al jefe de comandos alemán.

Operación Roble: entrevista con Caracortada

El Führer admiraba profundamente a Mussolini. Así lo había expresado claramente en *Mi Lucha* refiriéndose a su actitud en el pasado: «En aquella época —lo confieso francamente— sentí profunda admiración por el Hombre del Sur, allende los Alpes, que poseído de amor ardiente por su pueblo no hizo causa común con los enemigos interiores de Italia, sino que intentó destruirlos por todos los medios. Lo que a Mussolini lo colocará entre los grandes hombres de la Historia, es su inquebrantable resolución de no haber tolerado el marxismo en Italia y haber salvado a su Patria, quebrando el internacionalismo. ¡Cuán diminutos aparecen comparados con Mussolini nuestros actuales pseudoestadistas en Alemania y cómo nos sentimos indignados cuando esas nulidades se atreven

8. *La guerra desconocida*, Otto Skorzeny, AQ Ediciones, 1976.
9. *La guerra desconocida*, Otto Skorzeny, AQ Ediciones, 1976.

a criticar a un hombre mil veces superior a ellos; y cuán doloroso es pensar que eso sucede en un país que hace poco menos de medio siglo tenía un dirigente del tipo de Bismarck!».[10]

Además, entre ambos dictadores existía un estrecho acuerdo político-militar, sellado en 1939 que sentó las bases de un futuro apoyo mutuo en caso de guerra, como así finalmente ocurrió. Conocido como el Pacto de Acero, fue firmado el 22 de mayo de 1938 en Berlín por los ministros de Relaciones Exteriores Galeazzo Ciano y Joachim von Ribbentrop. El acuerdo afianzaba la relación entre Alemania e Italia a través de siete breves artículos:

1. Alemania e Italia se mantendrán en permanente contacto entre ellos para llegar a entendimientos en todos los intereses comunes o de la situación europea en su conjunto.

2. En el caso que los intereses comunes de ambos países se vean amenazados por sucesos internacionales de cualquier tipo, inmediatamente entrarán en consulta respecto a las medidas necesarias para preservar esos intereses. Si la seguridad u otros intereses vitales de una de las partes son amenazados desde el exterior, el otro país firmante ofrecerá su total apoyo político y diplomático con el propósito de retirar dicha amenaza.

3. Si en contra de los deseos y esperanzas de ambos países, ocurriera que uno de ellos se viera envuelto en complicaciones militares con otra u otras potencias, el otro país se colocará a su lado como aliado y lo apoyará con todo su poder militar por tierra, mar y aire.

4. Con el propósito de asegurar, en cualquier caso, la rápida implementación de las obligaciones de alianza del Artículo 3, los Gobiernos de ambos países intensificarán su cooperación en la esfera militar y en la esfera de la economía de guerra. De igual forma, los dos Gobiernos se mantendrán regularmente informados de todas las medidas necesarias para la implementación práctica de este pacto.

---

10. *Mi Lucha*, Adolf Hitler, Editorial Antalbe, 1984.

5. Ambos países se comprometen a que en el evento de una guerra conjunta, para terminar con un armisticio de paz, solamente se hará de total acuerdo la una con la otra.

6. Las dos partes serán conscientes de la importancia de sus relaciones conjuntas con las potencias amigas y estarán determinadas a mantener dichas relaciones en el futuro y a promover el adecuado desarrollo de los intereses comunes que los unen a esas potencias.

7. Este pacto entrará en vigor inmediatamente después de ser firmado. Ambas partes acuerdan fijar el primer período de su validez en diez años. Antes de la finalización de ese período, ambos países llegarán a un acuerdo respecto a la extensión de la validez de dicho pacto.

Esta estrecha relación se puso a prueba en innumerables ocasiones durante el conflicto de la Segunda Guerra Mundial. Una de ellas llegó poco después de la invasión aliada de Sicilia, cuando los miembros del Gran Consejo Fascista decidieron destituir a Mussolini de todas sus funciones como Duce otorgando el poder del gobierno al general Pietro Badoglio. Al día siguiente, el líder italiano fue arrestado por orden del rey Víctor Manuel III.

Aquello indignó a Hitler. «Aunque lo sucedido en Italia le causó una profunda impresión, no por ello perdió el control; al contrario, su cerebro se puso a trabajar febrilmente formulando y preparando nuevas decisiones»,[11] anotó Joseph Goebbels al respecto en su diario con fecha 27 de julio de 1943. El golpe de estado en Italia suponía, además de una afrenta personal para el Führer cuyo aprecio por Mussolini era conocido por todos, una seria amenaza para el Tercer Reich. La conspiración orquestada por el rey Víctor Manuel desencadenó la alerta de la jerarquía nazi que en los días siguientes al golpe celebró una serie de intensas reuniones para afrontar la situación. Hitler era partidario de intervenir de inmediato antes de que las fuerzas aliadas se hicieran con el control total de Italia. No obstante, la mayoría de militares de mayor rango no veían nada claro una intervención a gran escala. «La deposición por nuestra

---

11. Joseph Goebbels, *Tagebücher 1924-1945*, Piper, 2000.

parte de los actuales dirigentes podría tener un efecto indeseado si no se lleva a cabo la habilidad necesaria»,[12] advirtió el almirante Karl Doenitz en una acalorada discusión con el Führer. «Dudo mucho que el fascismo todavía signifique algo ni para los que están a favor de continuar la guerra de nuestro lado ni para los propios italianos. No podemos esperar que acepten ninguna imposición por nuestra parte. Todo dependerá del momento exacto en el que intervengamos contra el gobierno italiano actual».[13]

A pesar de los riesgos que suponía actuar de una forma precipitada, el Führer se mostraba impaciente y desdeñó la prevención de sus colaboradores. Entre sus muchas propuestas para desencallar la situación, Hitler consideraba clave dar con el paradero del Duce y restablecerlo en el poder restableciendo el gobierno fascista era clave a la hora de mantener a raya las intenciones de los aliados. Conocedor de la misión de rescate que Hitler pretendía emprender, el comandante en jefe de las SS Heinrich Himmler informó a su superior sobre la reciente creación del comando Friedenthal, un grupo de hombres entrenados en operaciones especiales por el coronel Otto Skorzeny y con sede en la población del mismo nombre, a unos 20 kilómetros de Berlín. Según los informes recibidos, aquel hombre tenía el perfil ideal para ejecutar la arriesgada operación que Hitler tenía en mente. Así que enseguida dio órdenes para convocarlo a su cuartel general.

Así relata el propio Skorzeny, las palabras de Hitler a su llegada a la Guarida del Lobo:

Tengo para usted una misión de suma importancia. Mussolini, mi amigo y nuestro fiel colaborador, fue traicionado ayer por su propio rey y, hoy mismo, ha sido arrestado por sus propios conciudadanos. No quiero, ni puedo dejar en la estacada al hombre más importante de Italia. El Duce significa para mí la encarnación del último cónsul romano. No ignoro que Italia nos dará la espalda en cuanto esté regida por el nuevo gobierno. Quiero ser fiel a mi compañero hasta el último momento. Por ello, me veo obligado a ayudarle en estos

---

12. *Joseph Goebbels. Tagebücher 1924 – 1945*, Piper, 2000.
13. *Joseph Goebbels. Tagebücher 1924 – 1945*, Piper, 2000.

momentos tan difíciles. No tenemos más remedio que rescatarle lo antes posible ya que, en caso contrario, será puesto en manos de los aliados. Le he escogido para que cumpla esta misión tan delicada, porque sé que es un hombre responsable y no ignora que, tal vez, pueda llegar a ser de vital importancia. Debe dejarlo todo para dedicarse a esa importantísima tarea en cuerpo y alma. Solo de esa forma podrá conseguir resultados satisfactorios. Pero lo que más importa es que tenga en cuenta que la misión que le encomiendo debe guardarse en el más completo secreto. Sólo le permito que hable de ella a cinco personas. Tengo la intención de volverle a destinar a la Luftwaffe, donde tendrá que ponerse a las órdenes del general Student, al que ya conoce. Ya le he informado de la misión que le encomiendo. Por tanto, debe limitarse a hablar con él y a informarse de los detalles pertinentes al caso. Sin embargo, todos los preparativos deben correr de su cuenta. Y le advierto, que tanto los comandos que tenemos destinados en Italia como nuestro embajador en Roma no pueden enterarse de la misión que le ha sido encomendada. No olvide que, tanto los unos como el otro, se han formado una idea equivocada de la situación existente en Italia, lo que les impediría actuar acertadamente. Vuelvo a repetirle que se hace responsable ante mí del secreto que debe rodear la misión que le encomiendo. Deseo tener muy pronto noticias suyas, y espero que su empresa sea coronada por el éxito.[14]

Reunidos en el cuartel general de Prusia Oriental, de esta forma comunicó el Führer al coronel Otto Skorzeny (conocido entre los aliados como «Caracortada» por la considerable cicatriz que surcaba su mejilla izquierda) su intención de organizar una misión para rescatar a Benito Mussolini. Skorzeny venía recomendado por el mismísimo general de las SS, Ernst Kaltenbrunner, jefe de la Oficina Central de Seguridad del Reich y de la SD. Según el propio Skorzeny, causó una buena sensación al líder alemán cuando al preguntarle sobre su opinión acerca de Italia, el oficial contestó «soy austríaco Mein Führer, la pérdida del Tirol del sur a manos de Italia (hecho acaecido tras la

---

14. *Vive peligrosamente*, Otto Skorzeny, Ed. Acervo, Barcelona, 2004.

Primera Guerra Mundial) es una espina que todo austríaco lleva clavada en el corazón».[15]

Nacido en el seno de una familia de clase media, desde joven simpatizó con el Partido Nazi. Al estallar la Segunda Guerra Mundial trabajaba como ingeniero y enseguida se ofreció como piloto a la Luftwaffe, ya que tenía experiencia con avionetas. No obstante y debido a su considerable altura (medía 1,92 m) fue asignado a operaciones de tierra. Más adelante fue propuesto para servir en la Reserva del cuerpo de combate Waffen-SS donde ingresó en la 1.ª División Leibstandarte SS Adolf Hitler. No era fácil acceder a este cuerpo de élite. Entre las condiciones de reclutamiento, todos ellos fijados por Himmler, los aspirantes debían tener su certificado de arianismo rubricado por la firma de Himmler, medir 1,78 m como mínimo y unas aptitudes físicas e intelectuales superiores a la media. En general, el soldado de la Leibstandarte SS se consideraba superior al soldado de la Wehrmacht tanto en aptitudes físicas como en capacidad militar. Más adelante fue enviado a la 2.ª División SS Das Reich y tras participar en las campañas de Francia, Holanda, los Balcanes y Rusia, en 1941 fue ascendido a Hauptsturmführer[16] de la Reserva y destinado a los Servicios de Inteligencia en la Oficina Central de Seguridad del Reich en Berlín. En la capital alemana fue nombrado jefe de Comandos y pasó a formar parte de la unidad Friedenthal desde donde fue convocado por Hitler para el rescate de Mussolini.

Mussolini liberado

A Skorzeny no le resultó fácil dar con el paradero de Mussolini. Finalmente, el pequeño servicio de información secreto montado por él mismo le aseguró que el Duce se encontraba en el hotel de montaña Campo Imperatore situado al pie de la cumbre del Gran Sasso en los Apeninos. La zona era de difícil acceso y solo se podía llegar por funicular desde la localidad de Assergi. Así que enseguida se desestimó un ataque sorpresa por tierra. «No ignorábamos que los abruptos acantilados dificultarían

---

15. *Vive peligrosamente*, Otto Skorzeny, Acervo, Barcelona, 2004.
16. Rango militar de las SS que equivalía al grado de capitán.

nuestra empresa y nos ocasionarían gran número de bajas; tampoco du-
dábamos de que una concentración de tropas en aquella zona seria descubierta fácilmente, lo que tendría como consecuencia que el detenido fuese
trasladado, ocultado o asesinado. Si queríamos evitar que sucediese tal
cosa, no nos quedaba más remedio que ocupar toda la cordillera con una
gran concentración de tropas y para ello debíamos contar, al menos, con
toda una División. Era preciso descartar, pues, la posibilidad de atacar
por tierra», asegura el propio Skorzeny en su libro *Vive peligrosamente*.

Finalmente, la Operación Roble (Unternehmen Eiche, en alemán)
para rescatar al Duce se fijó para el 12 de septiembre de 1943. Las fuerzas
de asalto estaban compuestas por un comando de 90 paracaidistas de la
Luftwaffe (comandados por el primer teniente von Berlepsch) y 17 hombres de la Waffen. Un día antes, Skorzeny se reunió con sus hombres:

Queridos camaradas, durante más de seis semanas habéis estado esperando sin saber vuestro destino. Ahora puedo revelaros que mañana vamos a emprender una acción que ha sido ordenada por el
Führer en persona. El asunto se muestra difícil. Es posible que muchos de nosotros dejemos allí la piel, pero debemos lograr esta operación, cueste lo que cueste. Estaré con vosotros y si juntos apreta-
mos los dientes, lo conseguiremos.[17]

A bordo de 12 planeadores DFS 230, el comando aterrizó frente al
hotel de montaña y en apenas unos minutos los hombres de Skorzeny
redujeron a los carabinieri italianos. El grupo ascendió las escaleras
hasta la primera planta del hotel donde encontraron al Duce en una de
las habitaciones. Skorzeny se cuadró ante su presencia y le dijo: «¡Mi
Duce, el Führer me envía para libertaros! ¡Sois libre!». Mussolini lo
abrazó y respondió: «¡Sabía que mi amigo Adolf Hitler no me dejaría
abandonado!».

La primera parte de la misión había sido francamente fácil pero a
Skorzeny le preocupaba más cómo regresar a Roma con Mussolini sano
y salvo. Había varias posibilidades: por una parte, podían intentarlo
marchando a lo largo de 150 kilómetros pero la inseguridad de los terri-

17. *Vive peligrosamente*, Otto Skorzeny, Ed. Acervo, Barcelona, 2004.

torios que debían cruzar y la mera presencia del Duce en el grupo hizo
que desestimara aquella alternativa. El plan B consistía en atacar por
sorpresa al aeródromo italiano de Aquila, en Abruzzos, a fin de mante-
nerlo bajo su poder durante un breve espacio de tiempo que permitiera
al comando embarcar al Duce en un avión con destino a Roma. Aquel
plan tampoco pudo llevarse a cabo al ser imposible comunicar las órdenes y los detalles complementarios por radio a la capital italiana. Solo
quedaba una última posibilidad para salir de allí: el plan consistía en que
el capitán Hans Gerlach aterrizara a bordo de su Fieseler Storch, un
monoplano de despegue y aterrizaje corto, en el prado situado enfrente
del hotel. Y así se hizo.

A pesar de la altura y el terreno irregular donde debía aterrizar, el
piloto alemán tomó tierra con gran pericia. No había tiempo que perder
y el Duce subió a bordo del aparato. «Mussolini se sentó en el asiento
posterior, detrás del piloto, y Skorzeny se introdujo como pudo a sus
espaldas, en el espacio destinado al equipaje. Aproximadamente a las
tres de la tarde, todo estaba listo para el despegue.[18] Este se realizaría a la
manera tradicional utilizando como pista improvisada una pendiente de
unos ciento ochenta metros que desembocaba en un profundo precipi-
cio.[19] El piloto aceleró al máximo el motor de 240 caballos; mientras
tanto, algunos soldados, siguiendo sus órdenes, sujetaban el aparato
para que pudiera alcanzar las revoluciones necesarias. Finalmente, tras
una señal del piloto, los soldados soltaron el aparato que se precipitó
colina abajo entre vítores de alegría.»

De esta atropellada forma, la avioneta emprendió su vuelo en dirección a Pratica di Mare, en Roma. Desde allí y a bordo de un Heinkel-111,
Mussolini fue llevado a Viena y más tarde al Gran Cuartel General del
Führer, en la Prusia Oriental, donde fue designado como nuevo líder de
la República Social Italiana bajo auspicio alemán. Tas el éxito de la misión, Otto Skorzeny recibió una llamada personal del propio Führer:

No solamente ha realizado con éxito un gran hazaña de la que no se
conoce otro ejemplo en la historia militar, sino que además me ha

18. *The Mussolini Memoirs*, Benito Mussolini, Sterling Publishing, 2000.
19. *My commando operations*, Otto Skorzeny, Schiffer Publishing, 1995.

devuelto a mi amigo Mussolini. Sabía que si alguien podía lograrlo, ese alguien era usted. Le he promovido al grado de Strumbannführer (comandante) de los Waffen SS y concedido la cruz de caballero...[20]

Pero no todo fueron palabras amables. Skorzeny también recibió una dura reprimenda por parte del mariscal del Reich Hermann Göring al enterarse de las condiciones en que se realizó el despegue de la avioneta de rescate con el Duce a bordo.

Por su parte, el Duce mostró un profundo agradecimiento:

Me envió para todos los paracaidistas que habían aterrizado en el Campo Imperatore y para mis hombres de la Waffen SS, relojes de oro de pulsera que levaban grabados la famosa M. Cada uno de los oficiales recibieron además un cronómetro. El Duce me ofreció, junto con el reloj y el cronómetro, un reloj de bolsillo de oro con la M grabada en rubíes y la fecha: 12-9-1943 grabada en la caja que desafortunadamente me fue sustraído en 1945 por los americanos.[21]

Las fuerzas del rescate

— Jefe de la operación en el Campo Imperatore: Capitán Otto Skorzeny.
— Jefe de la operación en el valle: mayor Harald Mors.
— En el valle: el mayor Mors y sus hombres se encargaron de ocupar los cruces de las carreteras desde Águila a Bazzano, y desde Pescomaggiore a Paganica, en la ruta que llevaba hasta Assergi. El plan era evitar un eventual ataque sobre el valle de las tropas italianas provenientes de Águila, además de ocupar la estación base del teleférico.
— En el Gran Sasso: 12 planeadores DFS 230, remolcados por 12 aviones Henschel con 9 hombres más el piloto a bordo de cada uno.

20. *Luchamos y perdimos*, Otto Skorzeny, Acervo, 2003.
21. *Vive peligrosamente*, Otto Skorzeny, Acervo, Barcelona, 2004.

Planeadores números 1 y 2: llevaban a bordo la 2.ª Compañía de Paracaidistas armados con fusiles especiales, bajo el mando del teniente von Berlepsch. Nada más desembarcar debían encargarse de poner en batería sus cuatro ametralladoras para cubrir al equipo de asalto de los planeadores 3 y 4. No obstante, tuvieron problemas en el aterrizaje y finalmente regresaron a la base sin intervenir en la operación.

Planeador n.º 3: llevaba a bordo al Capitán Skorzeny en compañía del general italiano Soleti, los alférez Schwerdt y Warger, y 5 suboficiales de la Waffen SS de Friedenthal. Su misión fue atacar directamente el hotel y llegar hasta el Duce neutralizando a sus guardianes.

Planeador n.º 4: a bordo iban el teniente Karl Radl, adjunto del capitán Skorzeny, así como el teniente Menzel y siete hombres de la Waffen SS de Friedenthal. Su misión era asaltar el hotel como apoyo del comando de Skorzeny.

Planeador n.º 5: dotado con el grupo de paracaidistas de la 2.ª compañía, cuya misión era reforzar los dos grupos anteriores una vez dentro del hotel.

Planeador n.º 6: llevaba a bordo paracaidistas de la 2.ª Compañía y su misión fue tomar el control de la estación superior del teleférico y del túnel que lo conectaba con el hotel.

Planeadores números 7, 8, 9 y 10: Con paracaidistas de la 2.ª Compañía a bordo, su misión era acabar de rodear el hotel y neutralizar cualquier tipo de resistencia. De todos ellos, el n.º 8 no consiguió aterrizar y se desplomó a tierra dejando varias víctimas y heridos.

Planeadores números 11 y 12: A bordo también llevaba un grupo de paracaidistas de la 2.ª Compañía equipado con armas pesadas (obuses medianos, cañones ligeros y ametralladoras).

14

Comandos norteamericanos

Operación Doolittle: el día de la infamia

Ayer, 7 de diciembre de 1941, una fecha que vivirá en la infamia, los Estados Unidos de América fueron atacados repentina y deliberadamente por fuerzas navales y aéreas del Imperio Japonés. Estados Unidos se encontraba en paz con esa nación y, bajo solicitud de Japón, estaban todavía en negociaciones con el gobierno y su emperador con vistas al mantenimiento de la paz en el Pacífico.

De hecho, una hora después de que los escuadrones aéreos japoneses hubiesen comenzado el bombardeo de Oahu, el embajador japonés en Estados Unidos y sus colegas entregaron al secretario de Estado una respuesta formal a un reciente mensaje norteamericano. Aunque esta respuesta sostenía que parecía inútil continuar las negociaciones diplomáticas existentes, no contenía ninguna amenaza o insinuación de guerra o ataque armado.

Debe tenerse en cuenta que la distancia de Hawai a Japón hace que resulte obvio que el ataque ha sido planeado con deliberación hace muchos días e incluso semanas. Durante ese tiempo, el Gobierno japonés ha tratado deliberadamente de engañar a Estados Unidos con falsas declaraciones y expresiones de esperanza para continuar la paz.

El ataque de ayer contra las islas hawaianas ha causado grandes daños a las fuerzas navales y militares norteamericanas. Se han perdido muchas vidas norteamericanas. Además, se ha informado de buques norteamericanos que han resultado torpedeados en alta mar entre San Francisco y Honolulu.

Ayer, el Gobierno japonés también lanzó un ataque contra Malaya.

Anoche, las fuerzas japonesas atacaron Hong Kong. Anoche, las fuerzas japonesas atacaron Guam, las Islas Filipinas, la Isla Wake y las Islas Midway.

Japón, en consecuencia, ha desatado una ofensiva por sorpresa a lo largo y ancho de toda el área del Pacífico. Los hechos de ayer hablan por sí mismos. El pueblo de Estados Unidos ya se ha formado su opinión y entiende bien las implicaciones a la propia vida y seguridad de nuestra nación.

Como comandante en jefe del Ejército y de la Marina, he ordenado que se adopten todas las medidas para nuestra defensa. Siempre recordaremos el carácter del ataque que se ha lanzado contra nosotros.

Sin importar cuánto tiempo podamos tardar en superar esta invasión premeditada, el pueblo norteamericano con su justificado potencial se abrirá paso hasta la victoria absoluta.

Creo que interpreto la voluntad del Congreso y del pueblo cuando sostengo que no solo nos defenderemos al máximo, sino que también nos aseguraremos de que esta forma de traición no nos vuelva a poner en peligro jamás.

Las hostilidades existen. No existe ningún asomo de duda ante el hecho de que nuestro pueblo, nuestro territorio y nuestros intereses se encuentran en grave peligro.

Con confianza en nuestras fuerzas armadas —con la inquebrantable determinación de nuestro pueblo— obtendremos el triunfo inevitable. Que Dios nos ayude.

Solicito que el Congreso declare que desde el ataque ruin no provocado por parte de Japón del 7 de diciembre, existe el estado de guerra entre Estados Unidos y el Imperio japonés.

Tras el ataque a Pearl Harbor el 7 de diciembre de 1941 y la consiguiente declaración de guerra por parte de Estados Unidos, Roosevelt impulsó la idea de devolverle cuanto antes el golpe a Japón, aunque se tratara de una pequeña incursión. El objetivo era hacerle ver al enemigo que ya no podía sentirse seguro en su propia casa.

Estados Unidos disponía de pocos medios en el Pacífico tras el devastador bombardeo de su base naval, pero se encargó al general George C. Marshall, jefe del Estado Mayor del Ejército de Estados Unidos, dar con una operación lo suficientemente sencilla pero efectiva para plantar cara al enemigo y de paso levantar la moral de las tropas estadounidenses. La misión no era fácil dado que cualquier iniciativa de ataque representaba arriesgar a los 5 únicos portaaviones con que contaba por aquel entonces Estados Unidos. Además, el Ejército aéreo norteamericano carecía de bombarderos capaces de alcanzar las islas japonesas.

La idea de Low

El capitán Francis S. Low era un submarinista integrado en el cuartel general del almirante Ernest J. King, jefe de la Marina de Estados Unidos. En enero de 1942 sometió a la consideración de su superior la idea de utilizar contra Japón bombarderos del Ejército que despegarían desde un portaaviones, algo que hasta el momento nunca se había realizado. El almirante mostró enseguida un profundo interés por la idea y no tardó en compartirla con los generales George Marshall y Henry Arnald. La idea de Low no era para nada descabellada pero requería de la pericia y buen entrenamiento de los pilotos a la hora de despegar. Al frente del equipo necesitaban una persona de confianza, con suficiente experiencia en el manejo de bombarderos y cierto espíritu aventurero. El general Arnold conocía al hombre adecuado para la operación.

El teniente coronel James H. Doolittle era una experimentado aviador y pionero en campos de la aviación todavía en exploración. Nacido en Alameda (California), a los 21 años se alistó en la U.S. Army Signal Corps y dos años después recibió su primer destino como teniente. Participó como instructor de vuelo en la Primera Guerra Mundial y destacó especialmente por sobreexigir las posibilidades de las aeronaves que pilotaba, modificándolas hasta llevarla al límite de sus capacidades. De hecho, en 1922 consiguió batir el récord de vuelo transcontinental y más tarde ganó los rallies aéreos de Schneider, Bendix y Thompson. Durante esta época obtuvo el título de Ingeniería Aeronáutica en el Massachusetts Institute of Technology (MIT). Tras un tiempo fuera del servicio militar, al estallar la Segunda Guerra Mundial ocupaba el cargo de presidente del Institute of Aeronautical Science, cargo que dejó aparcado para regresar al servicio activo como coronel.

A principios de 1942, Doolittle fue convocado a las oficinas del Estado Mayor. El general Arnold conocía de primera mano la vasta experiencia de Doolittle y le mostró su interés por dar con un avión capaz de transportar una tonelada de bombas a bordo, con un radio de acción mínimo de 3.700 kilómetros y, lo más importante, que pudiese despegar sin problemas de una pista muy corta. Además, añadió, a ser posible debía ser de pequeña envergadura ya que tendría que operar partiendo de una base muy exigua. ¿Es posible transformar alguna de nuestras aeronaves para que cumpla todas estas condiciones? se preguntaba el general.

Por aquel entonces, la fuerza aérea norteamericana disponía al menos de tres aparatos susceptibles de resolver el asunto. Por una parte estaba el B-23 Douglas que cumplía todas las condiciones aunque disponía de unas alas exageradamente grandes. Luego estaba el B-26 que reunía algunas condiciones como su excelente capacidad de carga pero que no podía despegar en espacios cortos. Finalmente, quedaba el B-25, de dimensiones más reducidas que los anteriores y que respondía a todas las exigencias de la operación.

El general Arnold conocía la habilidad de Doolittle como ingeniero aeronáutico y le encargó que estableciese una serie de modificaciones (como la supresión de la torreta central posterior o instalar depósitos supletorios en las alas) a realizar en un total de 16 bombarderos B-25 que deberían operar, además, a muy baja altura durante la misión. Una vez aplicados los cambios, Doolittle procedió a elegir la tripulación e iniciar el período de entrenamientos previos a la operación que no era otra que bombardear Tokio, la capital del Imperio Japonés.

Tras estudiar detenidamente el cuadro de las unidades de B-25 y muy especialmente todo lo referente a su grado de instrucción, Doolittle optó por elegir a 16 pilotos del 17.º Grupo de Bombardeo con base en Columbia (Carolina del Sur) que enseguida fueron trasladados a la base de Eglin, cerca de Valparaíso, en Florida, para iniciar el entrenamiento. Este consistía básicamente en adaptar a los pilotos a la técnica de despegue de un puente de vuelo, cuyas maniobras eran muy distintas a las utilizadas durante un despegue terrestre. En tierra, un B-25 recorría unos 700 metros antes de levantar el vuelo, mientras que un portaaviones apenas disponía de 150. Para conseguirlo, el aparato

En tierra, un B-25 recorría unos 700 metros antes de levantar el vuelo.

debía salir con los flaps completamente abiertos y manteniendo la cola muy baja. Cada aeronave contaba con una tripulación de cinco hombres: el piloto, el copiloto, el jefe de ruta, el bombardero y el maquinista ametrallador en la parte posterior. Como munición, los aparatos cargaban con bombas rompedoras y racimos incendiarios que en total no podían superar los 1.000 kg de peso. Al tratarse de una cantidad reducida de explosivos, debían fijarse bien los objetivos. Desde el Estado Mayor se llegó a barajar la posibilidad de atacar el Palacio Imperial de Tokio, residencia del Emperador de Japón. Aunque, tras planteárselo a Doolittle, este rechazó la idea. «Sabía lo ocurrido en Londres: al atacar el palacio de Buckingham, la Luftwaffe había encontrado probablemente la mejor manera de forjar la unión sagrada de todos los ingleses. Antes de aquel día, los alemanes habían atacado únicamente los depósitos, los almacenes, las fábricas, sin hablar, claro está, de algunas bombas lanzadas al azar. Quienes más habían sufrido eran precisamente las gentes más pobres. Pero después del bombardeo del palacio de Buckingham, los ingleses se decían: "¡Si la reina puede aguantar el ataque, también nosotros lo aguantaremos!". De tal modo, que aquel bombardeo que iba destinado a debilitar la moral británica produjo precisamente el efecto contrario. No íbamos a cometer el mismo error», justificó el propio Doolittle más adelante.

Rumbo a Tokio

En marzo, el grupo de 16 bombardeos partió hacia la base aeronaval de
Sacramento donde fueron debidamente revisados y desde allí volaron
hacia la base de Alameda donde el día 20 fueron embarcados en el fla-
mante portaaviones USS Hornet que apenas hacía dos años que había
sido botado. Finalmente, los hombres de Doolittle y sus B-25 zarparon
de la bahía de San Francisco hacia su objetivo el 2 de abril de 1942. El
trayecto duró dos semanas entre mar gruesa, niebla y lluvia. Era importante mantener la alerta máxima a fin de evitar que la flota (bajo el mando del almirante William F. Halsey) fuese descubierta antes de alcanzar
el punto de lanzamiento. De esto se encargaba un segundo portaaviones,
el USS Enterprise que recientemente había participado de forma activa
en la defensa de la base de Pearl Harbor durante el ataque japonés.

A pesar de las precauciones, las fuerzas navales japonesas esperaban
un rápido contraataque de los norteamericanos después de Pearl Harbor. Así que previendo una incursión sorpresa, el almirante Yamamoto
había ordenado disponer un perímetro defensivo alrededor de Japón mediante el uso de pequeñas embarcaciones pesqueras armadas que a diario patrullaban las costas del país. La mañana del 18 de abril, una de estas naves, el *Nitto Maru*, estaba a 668 millas de la costa japonesa cuando
sus vigías detectaron la presencia de la flota norteamericana y enviaron
por radio un mensaje de alerta. Aquel imprevisto obligó a precipitar la
operación de ataque sobre Tokio. Faltaban todavía unas nueve horas de
navegación para alcanzar el punto idóneo de despegue pero el almirante
Halsey ordenó el despegue inmediato de los B-25. El despegue duró cerca de una hora, la actividad a bordo fue frenética y apenas se saldó con
incidentes, salvo un operario de la pista que perdió su brazo al acercarse
demasiado a la hélice de uno de los B-25.

Al mismo tiempo, Yamamoto dispuso que zarparan de inmediato
las fuerzas del almirante de la Armada Imperial Japonesa, Nobutake
Kondo, que había estado al mando de la 2.ª Flota de acorazados rápidos
durante el ataque a Pearl Harbor. Además, el almirante ordenó a la 5.ª
División de portaaviones zarpar hacia la zona y el despegue de cazas de
exploración de largo alcance. Mientras, el *Nitto Maru* intentó emprender
la huida pero fue cañoneado y hundido por las fuerzas norteamericanas
hacia las 8:30 de la mañana.

A la cabeza de la formación aérea de ataque en vuelo rasante (que cubría unos 150 kilómetros) se encontraba el aparato de Doolittle, seguido de cerca por el B-25 del piloto Travis Hoover. Tras cinco horas de tenso vuelo y manteniendo la radio en silencio, el grupo llegó a las inmediaciones de la capital japonesa. Los B-25 se distribuyeron entonces en tres columnas: nueve aparatos pusieron rumbo a Tokio, tres a Kanagawa y otros tres a Nagoya, Osaka y Yokosuka. El grupo de Tokio, encabezado por el propio Doolittle, se separó asimismo en tres grupos, al norte, al centro y al sur de la ciudad. A plena luz del día y con una excelente visibilidad, la formación remontó hasta los 300 metros de altitud y a las 12:45 comenzó a bombardear los objetivos marcados. El ataque tuvo una duración aproximada de 6 minutos y aunque, por la poca carga explosiva que llevaban los B-25, no causó un excesivo daño en la ciudad, sirvió de elemento propagandístico de primer orden para elevar la moral de los estadounidenses tras el ataque de Pearl Harbor. El bombardeo sobre Tokio se saldó con 50 muertos, 250 heridos y unos 90 edificios destruidos, además de fábricas y almacenes de gas.

Tras cinco horas de tenso vuelo y manteniendo la radio en silencio, los B-25 llegaron a Tokio y lanzaron sus bombas sobre la capital nipona.

Tras el ataque, los pilotos de Doolittle emprendieron la retirada hacia la costa este de China. Les quedaban otras cinco largas horas de vuelo y las reservas de combustible se agotaban por momentos. Uno de los B'25 se precipitó al mar, otro tuvo que aterrizar de emergencia en Vladivostok y su tripulación fue retenida, mientras que otros lograron aterrizar en la costa china. En cuanto a Doolittle y su tripulación, también lograron alcanzar China y saltaron en paracaídas sobre un arrozal siendo finalmente rescatados por un grupo de guerrilleros.

Al cabo de cuatro días, los supervivientes de la misión alcanzaron el punto de encuentro, en la ciudad de Chouchow, la misma en la que habían intentado aterrizar infructuosamente. Una vez reunidos, emprendieron camino hacia Tchoung-King, capital provisional de la China libre, adonde llegaron tras 15 días de recorrido. Desde allí, algunos hombres recibieron nuevas órdenes y misiones, mientras que Doolittle fue convocado a presentar un informe de la operación al general Arnold en Washington. «Estimaba que, a pesar de las bombas lanzadas sobre Tokio, nuestra misión constituía un completo fracaso. Se me habían confiado 16 bombarderos para que se los entregase a los chinos o a una de nuestras unidades que operaban en China (...). Después de este desastre me consideraba dichoso con tal de no acabar en Fort Leavenworth (...). Por un lado, había infligido un serio golpe a la moral de los japoneses y había estimulado a los americanos y a sus aliados; pero, por otra parte, todos los aparatos que habían intervenido en la operación se habían perdido. Aquel balance nos impedía hablar de aquella misión como un éxito realmente completo», confesó Doolittle 23 años después del bombardeo. De hecho, es cierto que todos los B25 se perdieron y la mayoría de hombres fueron capturados o murieron. De todos modos, esta acción le valió a Doolittle la Medalla de Honor del Congreso entregada personalmente por el presidente de Estados Unidos, Franklin D. Roosevelt, así como el ascenso a general de brigada.

El informe de Mitscher

Considerada históricamente como la primera reacción norteamericana contra las tropas japonesas durante la Segunda Guerra Mundial y una de las incursiones más audaces del conflicto, la Operación Doolittle fue

Despegue de un B-25 desde uno de los portaaviones norteamericanos
que surcaban el Pacífico.

reportada con todo lujo de detalles por el vicealmirante Marc Andrew
Mitscher, comandante del USS Hornet:

El 1 de abril, 1942, cuando el Hornet estaba amarrado en la estación
aeronaval de Estados Unidos, muelle Alameda, 16 bombarderos
B-25 del Ejército fueron izados sobre la cubierta de vuelo. Bajo el
mando del teniente coronel James H. Doolittle, el destacamento de
los B-25 consistía en 75 oficiales y 130 reclutas. El teniente H. L.
Miller fue incorporado al destacamento como instructor de despegues desde portaaviones.

A las 10 AM del 2 de abril de 1942, la Task Force 18, formada
por el *Hornet, Nashville, Vincennes, Cimarron* y la *Desdiv 22*, se destacó de San Francisco bajo una niebla que reducía la visibilidad a
unas 1.000 yardas. Una vez superado el canal dragado, se puso rumbo noroeste. La cobertura aérea fue proveída por el comandante de
la Frontera Marina Occidental hasta última hora de la tarde. Los
buques recibieron notificación de la misión a última hora de la tarde
y la tripulación fue informada por altavoz. La alegría en todas las
secciones del barco fue manifiesta tras el anuncio y la moral alcanzó
un nuevo máximo de ahí en adelante hasta después del lanzamiento
del ataque y de que el barco se alejara de las áreas de combate.

Las condiciones meteorológicas fueron malas durante el viaje. La mar gruesa y el fuerte viento, junto con lluvia y chubascos, redujeron el peligro de ser detectados pero impidió que los aparatos de los cruceros llevaran a cabo operaciones de vuelo. En ocasiones, la velocidad de la fuerza se reducía para prevenir daños estructurales en el *Cimarron*.

Desde la partida hasta el lanzamiento se experimentaron varias dificultades con los B-25. Fallos en generador, cambios de bujías, pérdidas en tanques de gas, problemas de frenos y de motor que culminaron con sus traslados a los talleres del Hornet donde fueron reparados y reinstalados. El fuerte viento a bordo causaba fuertes vibraciones en todos los controles de superficie. Eran necesarias constantes vigilancias y rígidas inspecciones para tener la certeza de que los aviones estaban correctamente asegurados en la cubierta de vuelo. Finalmente, los B-25 fueron dispuestos para el despegue el 16 de abril. El último avión fue enganchado sobre la rampa de popa en una posición muy precaria. El avión líder disponía de 467 pies de pista libre para despegar.

El 18 de abril a las 8 AM se recibieron las órdenes de lanzamiento para los aparatos. Las tripulaciones del Ejército, expectantes por el despegue desde última hora de la tarde, tuvieron que ser convocadas y se les dio instrucciones de última hora. Se calentaron motores, el Hornet aproó al viento y a las 08:25 el primer aparato (comandado por el teniente coronel Doolittle), abandonó la cubierta.

Salvo una única excepción, todos los despegues fueron peligrosos y realizados de forma incorrecta. El viento soplaba a unos 40 nudos y una fuerte marejada provocaba que el Hornet cabeceara violentamente durante el despegue de los destructores. El tiempo total para el lanzamiento de los 16 bombarderos fue de 59 minutos, sobre los 3,9 minutos por cada aparato.

El oficial al mando desea declarar que la moral de la tripulación estuvo excepcionalmente alta. Todos los oficiales y hombres cumplieron con su deber de forma completamente satisfactoria. Ninguna persona resaltó o fue digna de mención especial, y no hay razón para la censura. La moral estaba un poco baja después de que el peligro de un ataque aéreo hubiera disminuido; una mayoría de los oficiales y hombres se sentía completamente sorprendida porque no se contemplara más acción contra las bases enemigas, y obviamente se sentían defraudados. Se considera que los ataques han de realizarse tan frecuentemente como sea posible mediante misiones de incursión para mantener la moral y las «ganas de acción» en un alto nivel.[1]

Operación Vengeance: ¡mensaje interceptado!

A las 06:00 (hora japonesa) sale de RR en CHUKO (bombardero *Mitsubishi G4M Betty* para los estadounidenses), con escolta de seis cazas. A las 08:00 arribará a RXZ. A las 08:40 arribará a RXE en cazasubmarinos (el comandante de la 1.ª Base hará los arreglos para aprestar el cazasubmarino). A las 09:45 partirá de RXE en el mismo cazasubmarinos. A las 10:30 arribará a RXZ (En RXZ habrá un Daihatsu disponible y en RXE un motobote para el transporte) A las 11:00 partirá de RXZ en CHUKO. A las 11:10 arribará a RXP.

Almuerzo en el Cuartel general de la 1.ª Base Aérea ofrecido por el comandante del 26.º Escuadrón Aéreo y por oficiales superiores.

A las 14:00 partirá de RXP en CHUKO. A las 15:40 arribará a RR.

Cada unidad presentará el esbozo del plan general después del informe verbal sobre las condiciones actuales, los miembros de la unidad serán inspeccionados (será visitado el primer Hospital de Campo).

El oficial comandante de cada unidad deberá vestir el uniforme de desembarco con condecoraciones.

En caso de mal tiempo, será pospuesto un día.

Fin del mensaje.

El 13 de abril de 1943, un radioescucha de la inteligencia estadounidense interceptó este telegrama japonés en el aeródromo de Campo Hender-

---

1. Extracto del parte de acción sobre la incursión Doolittle desde el USS Hornet, Revista General de Marina, Ministerio de Defensa, 2012.

son, en la isla de Guadalcanal. Tras sospechar que su contenido era de
vital importancia, su contenido se envió enseguida al comandante Edwin
T. Layton, oficial de inteligencia del Estado Mayor del almirante y comandante en jefe Chester Nimitz. Tras ser debidamente descodificado
por el equipo de especialistas del secretario de Marina Frank Knox, se
descubrió que el almirante Isoroku Yamamoto iba a realizar una visita a
los emplazamientos japoneses en el área de Bougainville. Para ello co-
menzaría su ruta volando desde Rabaul al Campo Aéreo de Balalle, una
isla cerca de Bougainville en el archipiélago de las Islas Salomón donde
los japoneses habían construido una pista para cazas y bombarderos em-
pleando prisioneros de guerra británicos. Escoltado por 5 cazas Zero
A6M del 204 Kokutai NAU, usaría su transporte, un bombardero mediano G4M «Betty» T1-326.

El Servicio de Inteligencia norteamericano determinó que la ruta de
Yamamoto ponía al almirante japonés al alcance de los Lockheed P-38
Lightning norteamericanos con base en Guadalcanal. Era una oportunidad única para asestar un duro golpe a la potencia japonesa y acabar con
la vida del principal inspirador del ataque a Pearl Harbor. Con el fin de
neutralizar la Flota del Pacífico de Estados Unidos y así proteger el
avance de Japón en la Malasia británica y en las Indias Orientales Neer-
landesas, el 7 de diciembre de 1941 Yamamoto lanzó un devastador ataque aéreo contra la base naval norteamericana de Pearl Harbor. La operación fue un éxito y se saldó con un total de 188 aeronaves destruidas,
el hundimiento de tres cruceros, tres destructores, un buque escuela y un
minador, y un total de 2.400 muertos. Iracundos por el ataque, pocas
horas después del ataque, el Congreso de Estados Unidos declaró la guerra al Imperio de Japón.

La Operación Vengeance fue autorizada para el 18 de abril de 1943.
No había tiempo que perder y la misión se asignó a la 339.ª Escuadrilla
que contaba con 18 aviones Lockheed P-38 Lightning. Este bimotor era
apodado como «el diablo de dos colas» por los soldados de la Wehrmacht debido a su gran efectividad en el apoyo del desembarco de Normandía. Gracias a su gran alcance operacional se había afianzado como una
de las aeronaves más utilizadas por los norteamericanos en el teatro del
Pacífico Sur, ideal como complemento de los bombarderos. De hecho, el
célebre piloto de la United States Air Force (USAF) Richard Bong, alcanzó el rango de as de combate gracias a los 40 aparatos japoneses de-

El P-38 era un bimotor apodado «el diablo de dos colas» por los soldados
de la Wehrmacht.

rribados a bordo de un P-38. Precisamente, a los mandos de uno de estos
bimotores, el 1 de agosto de 1944 perdió la vida el escritor francés Anto-
ine de Saint-Exupéry durante una misión de reconocimiento para reco-
ger información de inteligencia sobre los movimientos de las tropas alemanas antes de la invasión aliada de sur de Francia.

Para la operación se asignaron dos grupos de ataque: bajo el mando
del mayor John W. Mitchell, una unidad con 14 cazas se encargó cubrir
un posible ataque de cazas japoneses con base en el cercano aeródromo
de Kahili. Una escolta formada por el propio Mitchell, Douglas S. Canning, Jack Jacobson, Frank Holmes, Raymond Hine y George Goerke,
además de otros ocho pilotos pertenecientes al 12.º Escuadrón, liderados
por Louis Kittel.

El segundo grupo, llamado «Killer Section» y comandado por el capitán Thomas Lanphier se encargaría de atacar y derribar el bombardero que transportaba a la comitiva. La unidad estaba formada por dos
cazas y cuatro hombres: el capitán Thomas G. Lanphier Jr. con su flanqueador el primer teniente Rex T. Barber y el teniente Jim McLanahan
con su flanqueador el primer teniente Joseph F. Moore.

La noche anterior a la operación, las tripulaciones de tierra trabajaron intensamente preparando las aeronaves del ataque. El P-38 de Mit-

chell fue equipado con un compás naval para ayudarlo en la navegación ya que durante las primeras 500 millas tuvo que volar a ciegas y a ras de agua calculando el rumbo en base al tiempo y la velocidad para no ser detectado.

«Boggies, arriba a las diez»

A las 7:30 del 18 de abril de 1944, los 18 cazas norteamericanos despegaron del Campo Henderson con la idea de realizar la intercepción a las 9:35 de la mañana, a unos 55 kilómetros de la isla de Bougainville. La operación empezó mal y dos aparatos no pudieron continuar con la misión. Por una parte, el avión de McLanahan tuvo serios problemas en uno de sus neumáticos que explotó en plena pista de despegue. Mientras que los tanques auxiliares de la aeronave de Moore dejaron de transferir combustible en pleno vuelo viéndose obligado a regresar a la base. Y es que, aunque los Lightning tenían un larguísimo alcance operacional de 700 kilómetros, para esta misión fue necesario dotar a las aeronaves de *drops tanks* o tanques auxiliares de 310 galones para cubrir los casi 1.800 kilómetros (unas cinco horas de vuelo) hasta el punto de encuentro. Para capear la situación, el capitán Mitchell ordenó a los tenientes Besby F. Holmes y Raymond K. Hine que acompañaran a Lanphier y Barber durante el ataque.

Por su parte, la comitiva del Almirante Yamamoto viajaba a bordo de un bombardeo mediano Betty, pilotado por Takeo Koyani. Le acompañaba el comandante Ishizaki (secretario del Almirante), el comandante Toibana, el vicealmirante Kitamura y el contralmirante Takata (oficial médico de la flota). El jefe del Estado Mayor de Yamamoto, Almirante Matome Ugaki, volaba en un segundo G4M1, hecho que el Servicio de Inteligencia norteamericano ignoraba al principio de la operación. Estaba previsto que realizaran su primer aterrizaje en Ballalae, en el extremo de la isla Bougainville.

Tras dos horas y media de vuelo, los dos grupos de P-38 ya habían recorrido casi 500 millas a solo 9 metros de altura y con las radios en completo silencio. Estos aparatos no contaban con sistema de refrigeración y a esa altura y con el sol cayendo directamente sobre la cabeza de los pilotos, el calor en el interior de las cabinas era realmente insoportable. A la hora prevista, hacia las 9:33 ascendieron a 3.000 metros de altura refrescando el ambiente en el interior de las aeronaves. Fue entonces cuando el piloto Douglas S. Canning avistó unos puntos en el horizonte y rompiendo el silencio de radio alertó: «Boggies, arriba a las diez». Dispuestos a iniciar el ataque, los P-38 empezaron a desprenderse de sus tanques auxiliares de combustible. Lo hicieron todos menos uno. El piloto Hine no pudo y tuvo que romper la formación. La sección de cobertura subió a 6.000 metros de altura para esperar a los cazas que con toda seguridad despegarían de la base japonesa de Kahili. Mientras, el capitán Thomas G. Lanphier Jr. con su flanqueador el primer teniente Rex T. Barber se quedaron solos para lanzar el ataque contra el bombardero de Yamamoto. Un nuevo imprevisto surgió cundo el capitán Mitchell comprobó estupefacto que la comitiva contaba con un segundo bombardero Mitsubishi G4M y ambos aparatos estaban escoltados por dos formaciones de 3 Zero en formación de V a la derecha e izquierda respectivamente. Los monoplanos japoneses detectaron enseguida a los aviones norteamericanos y fueron los primeros en abrir fuego cayendo en picado sobre los P-38.

¿Lanphier o Barber?

A partir de aquí existe cierta controversia acerca de lo que realmente ocurrió. Parece ser que Barber se abalanzó en picado contra el primer bombardero japonés mientras descendía hacia Bougainville pero lo hizo a tanta velocidad que acabó sobrepasándolo sin poder dispararle. El segundo Betty hizo una amplia maniobra enfrentándose a los atacantes y luego viró y se dirigió al océano, a ras de las olas. Seguidamente, Lanphier intentó lanzar un ataque contra el Betty de Yamamoto pero un Zero de la escolta empezó a ametrallarlo obligándole a usar su superior velocidad de ascenso para deshacerse de él mediante una arriesgada maniobra. Cuando descendía, Lanphier avistó al bombardero de cabecera descendiendo también a ras de la selva cerca de punta Moulat, sobre Bougainville. Sin pensarlo dos veces, el piloto norteamericano se lanzó en picado con fuego de ametralladora. Mientras el Betty casi rozaba las copas de los árboles intentando escabullirse, Barber también se sumó al ataque. El insistente fuego de ambos aparatos hizo que finalmente se incendiara el

motor del ala derecha del Betty de Yamamoto provocando que parte del
ala se desprendiese proyectando algunas piezas del carenado que llegaron a golpear peligrosamente el P-38 de Barber. El bombardero acabó
cayendo a 6,2 kilómetros al norte de Tokuaka, en la parte suroeste de la
isla de Bougainville.

Por su parte, Raymond Hine atacó el segundo Betty que había des-
cendido a ras del agua y lo abatió. Ugaki, Takimura y el piloto sobrevi-
vieron con graves heridas. Al poco tiempo de derribar el bombardero, el
P-38 de Holmes sufrió el ataque de un Zero por el as japonés Shoichi
Sugita provocando que perdiera el control de la aeronave estrellándose
en la selva. El resto de cazas norteamericanos logró zafarse de la escolta
japonesa y regresar sanos y salvos a la base.

La Operación Vengeance fue un rotundo éxito. Pero la controversia
sobre quién abatió realmente el bombardero en el que viajaba el almirante japonés se mantuvo durante años. Por su parte, Lanphier siempre sos-
tuvo que fue él quien derribó el Betty de Yamamoto. Así lo relató en el
siguiente artículo publicado en 1967:

Volando bajo el ardiente sol de la mañana, nuestra apretada formación de Lightnings mantenía la radio en absoluto silencio. Durante
casi dos horas no vimos tierra. Sentía el miedo que siempre se experi-
menta antes de entrar en combate. En mis casi cien misiones de guerra
había aprendido que hay diversos grados de valor; hay días en que un
piloto está más dispuesto que otros a arriesgar la vida. Esta vez pre-
sentía que todos estábamos dispuestos a arriesgarnos al cien por cien.

Al fin divisamos la isla de Bougainville, cuya enmarañada selva
llegaba hasta el borde del agua. Cuando cruzamos la línea de la costa, Mitchell empinó la proa de su avión para encabezar el ascenso de
su escuadrilla hasta 6.000 metros de altura, y yo seguí con mi grupo
hacia el nivel de 3.000 metros. Miré el reloj de mi tablero de instrumentos: eran las 09:33 de la mañana. Mientras subíamos tendí la
mirada por la inmensidad del cielo, pero no se veía nada, fuera de
unas pocas nubes. Seguramente, los aviones japoneses que llegaban
o salían de Kahili nos descubrirían en cualquier momento. ¿Dónde
estaba el puntual almirante?

Instantes después un piloto de la escuadrilla de Mitchell avisó de
la presencia de cazas japoneses. En efecto, en la lejanía apareció una

formación de puntos en V. Cuando se fueron acercando pude identi-
ficarlos: eran dos bombarderos bimotores enemigos escoltados por
seis Zero. Mi reloj señalaba las 09:35. El almirante cumplía su horario con precisión y nosotros también. El esfuerzo concentrado de
incontables personas nos había llevado a este punto preciso del vasto
Pacífico. Ahora todo correría por nuestra cuenta.

Dejé caer los voluminosos depósitos del fuselaje y me preparé
para atacar. Por delante y por arriba, la formación japonesa venía a
nuestro encuentro todavía sin habernos visto. Súbitamente, nos falló
la buena estrella: Holmes, guía de mi segundo elemento, no podía
soltar los depósitos del fuselaje. Provocando fuertes sacudidas a su
aeronave para forzar la operación, finalmente se alejó siguiendo la
línea de la costa. De esta forma, su compañero de ala, Hine, no tuvo
más remedio que retirarse con él. Nos quedamos solos Barber y yo
para presentar batalla a los japoneses.

Estábamos aproximadamente a un kilómetro y medio de la formación y acercándonos velozmente, cuando nos descubrieron los
Zero. Soltando sus depósitos de fuselaje, picaron para interceptar-
nos. El bombardero guía trataba de escapar lanzándose en picado
hacia la selva, mientras el segundo lo hacía directamente sobre nosotros. Al arrojarme tras el primero de los bombarderos, tres Zero se
abalanzaron sobre mí. Tiré de la palanca de mandos para encañonar
con mis ametralladoras al primero de ellos y estuvimos a punto de
chocar antes de que mi ráfaga le partiera una de sus alas. Giró en el
aire por debajo de mi Lightning, envuelto en humo y llamas. En ese
instante, en un ascenso casi vertical di una vuelta de campana para
buscar al bombardero guía que había perdido de vista durante el
combate.

De un solo vistazo percibí que Barber peleaba con unos Zero
mientras que otros dos cazas enemigos se disponían a atacarme. Enseguida vi una sombra verdosa que pasaba sobre las copas de los
árboles: era el bombardero que casi las rozaba. Lo seguí, bajando
también al nivel de los árboles y empecé a dispararle una larga y
continua lluvia de balas. Su motor y su ala derecha empezó a incen-
diarse y el bombardero se estrelló en la selva. Mientras, Barber había
derribado al otro bombardero sobre el mar. Era hora de alejarnos de
allí lo más pronto posible.

Deslizándome sobre la selva y haciendo zigzags trataba de escapar de los Zero que me perseguían. De pronto, me cegó el polvo. Sin querer había volado sobre una esquina del aeródromo de Kahili, donde se levantaba la polvareda de un enjambre de cazas japoneses que se apresuraban a elevarse. Volé derecho, atravesé la bahía y salí hacia el mar abierto; una vez allí, puse al Lightning en ascenso veloz y poco a poco dejé atrás los Zero.

El vuelo de regreso fue emocionante. A algunos nos había alcanzado el fuego enemigo y a todos nos escaseaba el combustible. Yo fui el último de nuestra escuadrilla en aterrizar con el depósito de combustible prácticamente vacío. Una muchedumbre de aviadores, mecánicos y soldados corrieron hacia mi avión, me sacaron y me dieron palmadas en la espalda. Realmente me sentí como un futbolista que acababa de meter un gol.

Barber también había tenido éxito. Además del otro bombardero, había derribado dos Zero. También perdimos un hombre. Ray Hine, buen amigo y gran aviador. Esa noche cenamos carne asada, retoños de bambú y cerveza helada como obsequio del general Collins y recibimos un mensaje del almirante Halsey, jefe de las fuerzas navales norteamericanas en el Pacífico Sur. 'Felicitaciones comandante Mitchell y a sus cazadores. Parece que uno de los patos que han cazado era un pavo real', decía en tono jocoso.

Solo después de la guerra supimos con detalle los resultados de nuestra misión. El bombardero derribado por Barber cayó al mar y los almirantes Ugaki y Kitamura fueron rescatados gravemente heridos. El otro bombardero fue hallado en la selva y en su interior el cadáver del almirante Yamamoto, todavía apretando con el puño su espada ceremonial. Llevaron sus cenizas a Tokio donde millones de japoneses asistieron al entierro oficial: fue la mayor manifestación de duelo nacional desde el funeral del Almirante Nelson en Londres.[2]

Efectivamente, tras el impacto del bombardero en plena selva, el cuerpo sin vida de Yamamoto fue recuperado y trasladado a bordo del acorazado Musashi hasta Japón donde se rindió un funeral de estado en la loca-

2. *Yo derribé a Yamamoto*, Thomas Lanphier, Reader's Digest, 1967.

lidad de Yasukuni-Jina, en la prefectura de Tokio. Su cuerpo fue incine-
rado en el cementerio de Tama y sus cenizas enterradas junto a las de su
padre biológico Sadakichi en el Templo Chuko-Ji de Nagaoka. A título
póstumo, el Emperador de Japón ascendió a Yamamoto a Mariscal de
Almirantes, la Marina Imperial Japonesa le condecoró con la Orden del
Crisantemo y los alemanes le concedieron la Cruz de Caballero de la
Cruz de Hierro.

Barber nunca estuvo de acuerdo con la versión de su compañero de
escuadrilla y enseguida inició una campaña reivindicando la injusticia
histórica que se había producido. Llegó incluso a crearse la Second Yamamoto Mission Association (SYMA) que realizó, con escaso éxito, una
serie de acciones legales apoyando a Barber como verdadero autor del
derribo.

Este es un breve extracto de la entrevista realizada por el periodista
Blaine Taylor al coronel Rex T. Barber que se publicó en 1991 en la
WWII Collector's Edition of the *Pearl Harbor Magazine's Official 50th
Anniversary Magazine*:

El ataque comenzó cuando Mitchell ordenó a Lanphier y a la sección de exterminio interceptar a los japoneses mientras él y el grupo
de escolta ganaban altura para protegerlos. Comenzamos nuestro
ascenso para atacar los dos bombarderos Betty y los cazas Zero situados por encima de nosotros. La línea de intercepción de Lanphier
estaba situada a unos 90 grados sobre la línea de vuelo de los Betty.
En ese momento, el teniente Holmes avisó que no podía desprender
los tanques adicionales por lo que él y su ala, el teniente Ray Hine,
nos dejaron y giraron alrededor de la línea costera mientras Holmes
intentaba desprenderlos.

Mientras tanto, los Betty comenzaron a descender conforme se
acercaban a su destino. Hacia la derecha de Lanphier, los Betty incre-
mentaron repentinamente su descenso, al igual que los Zero de escolta. Era evidente que nos habían visto. Sin perder tiempo, Lanphier y
yo nos aproximamos a los Betty en un ángulo de 90 grados para alcanzar la altitud de los bombarderos japoneses.

Justo antes de girar a la derecha y caer por detrás de los Betty
para abrir fuego, Lanphier giró 90 grados hacia la izquierda y se
enfrentó a los Zero. Esta astuta maniobra me permitió atacar a los

Betty sin la momentánea preocupación de los Zero que tenía en mi cola. Giré abruptamente hacia la derecha para caer por detrás de los Betty. En ese momento estábamos a unos 1.000 pies sobre el suelo y uno de los Betty incrementó su picado en un intento de alcanzar el nivel de las copas de los árboles. Abrí fuego apuntando sobre su fuselaje y el motor derecho. Enseguida vi saltar trozos de la cobertura del motor y del timón. Me moví hacia la derecha y seguí disparando sobre el fuselaje y el motor que comenzó a emitir un denso humo negro. Repentinamente, el Betty disminuyó su velocidad y se precipitó envuelto en llamas sobre la jungla.

¿Qué pasó con el otro bombardero?

Cuando enfilé hacia la costa, vi al teniente Holmes y al teniente Hine volando en círculos sobre el agua a unos 1.500 pies. También avisté al segundo Betty volando muy bajo sobre el agua rumbo al sur. ¡Volaba tan bajo que sus propulsores provocaban olas sobre el agua! Holmes vio también al Betty y junto a Hine, enfilaron hacia él. Holmes comenzó a disparar alcanzando el motor derecho del Betty que empezó a emitir un humo blanco y casi de inmediato estalló.

¿En qué difiere la historia de Lanphier de la suya?

Lanphier asegura que al enfilar contra los Zero, derribó a uno y luego giró su caza y vio un bombardero volando sobre las copas de los árboles. Pero es imposible que supiera de qué bombardero se trataba.

¿Es posible que ambos atacaran al mismo bombardero?

No. Su pasada sobre el Zero fue a 180 grados con respecto al rumbo de los bombarderos. Lanphier dice que ascendió y giró pero yo ya estaba varias millas por debajo de él. No tenía una ruta posible para llegar al Betty antes de que se estrellase. ¡Iba en dirección contraria! 60 millas por hora equivalen a 88 pies por segundo. Los bombarderos iban a unas 375 millas por hora en su intento de evadirse. Y en su historia dice que hizo un giro exterior de 90 grados, lo que significa que sobrepasó al bombardero por lo que no podría haber disparado. Estaba completamente fuera de alcance.

Alguna vez, y a causa de lo conflictivo de la historia, llegamos a pensar que hubiese tres bombarderos de los cuales dos fueron derribados en la jungla y el tercero en el agua. Pero esta teoría fue desechada cuando en una entrevista, Kenji Yanijiya, el único piloto conocido sobreviviente de los cazas Zero confirmó que solo había dos bombarderos. Lo mismo confirmaron los sobrevivientes del bombardero que cayó al mar.

De regreso a Guadalcanal, aterricé casi sin combustible. El teniente Holmes lo hizo en las islas Russell. El teniente Hine no logró regresar. Cuando bajé de mi P38, mi jefe de mecánicos encontró 104 orificios de bala en mi avión, en su gran mayoría impactos traseros de Zero.

¿Qué ocurrió cuando se encontró con Lanphier?

Ya en la pista de aterrizaje de Guadalcanal vociferaba que había derribado a Yamamoto. Le cuestioné aquello y me llamó maldito mentiroso. Cuando volvimos a nuestras operaciones normales, todo el mundo nos felicitaba a ambos. Nunca hubo una investigación. Si se nos hubiese interrogado debidamente, estoy seguro que no existirían todas estas contradicciones.

¿Qué dijo el equipo que encontró el avión en la jungla?

En una entrevista en 1984, el líder del equipo de rescate declaró: «Cuando entramos al fuselaje, nos sorprendimos al encontrarlo vacío. No había asientos, no había armas» lo que significa que no había un artillero de cola disparándole como Lanphier afirma. Al menos no desde este avión.

¿Y qué hay de la aparente contradicción del ala derecha del Betty separándose en el aire, como ha declarado Lanphier que ocurrió?

El 15 de diciembre de 1985, tras visitar los restos del Betty derribado, Ross Channon dio el siguiente testimonio: «El ala izquierda está a unos 150 pies de los restos del fuselaje, directamente por detrás. Aún a baja altitud, si el ala se hubiese desprendido en el aire, estaría a mucha mayor distancia. Todo indica que este ala se desprendió al impactar el bombardero con los árboles, no por un ataque aéreo».

Por su parte, el único piloto superviviente de la escolta de Zero de Yamamoto, Kenji Yanagiya grabó en 1985 un vídeo en el que esclarecía que Lanphier no pudo derribar el bombardero de Yamamoto. En la cinta, el piloto japonés aseguraba que para tenerlo en su línea de fuego debería haber realizado un giro imposible de 180 grados. Asimismo, en su diario

personal, otro superviviente de la operación, el almirante Matome Ugaki, coincidió con la observación de Yanagiya.

Finalmente, la Fuerza Aérea norteamericana no quiso remover más
el caso y tomó una decisión salomónica, otorgando el mérito a ambos
pilotos.

El Gran Rescate: los antecedentes

Tras el exitoso ataque sobre Pearl Harbor y tan solo diez horas después,
el 7 de diciembre de 1941, las tropas japonesas iniciaron el ataque y posterior invasión de Filipinas, por aquel entonces estado libre asociado de
Estados Unidos. Este país servía de base para la recién organizada Fuerza Aérea estadounidense del Lejano Oriente (FEAF) y los japoneses
buscaban neutralizarla para así poder garantizar la superioridad aérea
nipona mientras que el Ejército Expedicionario del Sur avanzaba contra
Malasia y las Indias Orientales Holandesas. Además, ocupar Filipinas
era estratégicamente conveniente para evitar que su territorio fuese utilizado como plataforma de contraataques aliados, así como para asegurar
las rutas de comunicación entre Japón y los territorios ocupados del sur.

Al cargo de su defensa, los estadounidenses contaban con una fuerza
terrestre de 130.000 hombres, bajo el mando del general Douglas Mac-
Arthur, además de una fuerza aérea compuesta por 35 bombarderos
B-17 y 107 cazas P-40, todos ellos comandados por el mayor general
Lewis H. Brereton. En cuanto a las fuerzas navales, con la Flota del Pacífico temporalmente neutralizada tras el ataque de Pearl Harbor, los
estadounidenses solo disponían de la Flota asiática comandada por el
almirante Hart.

Por su parte, los invasores contaban con los poco más de 40.000
hombres del 14.º Ejército japonés comandado por el teniente general
Masaharu Homma y con el coronel Masanobu Tsuji como su segundo al
mando. Las fuerzas aéreas niponas para el ataque contaron con el apoyo
del 5.º Grupo Aéreo, compuesto por 20 batallones comandados por el
teniente general Hideyoshi Obata y que contaban con dos regimientos de
cazas, dos regimientos de bombarderos ligeros y un regimiento de bombarderos pesados, así como un regimiento de reconocimiento. Además,
los japoneses disponían para la invasión de los 444 aviones de la 11.ª

8.000 hombres pertenecientes a las fuerzas filipinas y estadounidenses
quedaron atrapados entre el mar y las tropas japonesas sin posibilidad
de ser rescatados por la flota aliada.

Flota Aérea, al mando del vicealmirante Nishizo Tsukahara, encargados
de neutralizar a la FEAF al sur del área de operaciones del 5.º Grupo
Aéreo. Finalmente, la 3.ª Flota japonesa, bajo el mando del almirante
Ibo Takahashi se encargó de proteger los transportes y cubrir las costas
durante la serie de desembarcos.

Tras una serie de efectivos ataques aéreos y desembarcos, las tropas
japonesas entraron en la capital filipina el 1 de enero de 1942 y el peso
8.000 hombres pertenecientes a las fuerzas filipinas y estadounidenses
quedaron atrapados entre el mar y las tropas japonesas sufriendo un intenso asedio sin posibilidad de ser rescatados por la flota aliada. Finalmente, sin apenas suministros ni munición y tras cuatro meses de comba-
tes, el 9 de abril de 1942, el general King rindió incondicionalmente
Bataán ante el coronel Motoo Nakayama.

La marcha de la muerte

Varios días después de la rendición, los japoneses encargaron al mayor
general Yoshikata Kawane, organizar el transporte de las tropas entrega-
das a los campos de prisioneros de guerra. La que se conoce como «Mar-

La «Marcha de la muerte de Batán» consistió en una dura marcha a pie
de 88 kilómetros.

cha de la muerte de Batán» consistió en una dura marcha a pie de 88
kilómetros, desde Mariveles hasta San Fernando, de cerca de 80.000 prisioneros norteamericanos y filipinos. Semejante número desbordó por
completo la capacidad logística del Ejército nipón a la hora de ejecutar
el traslado con las debidas condiciones humanitarias. El sargento Frank
N. Lovato, excombatiente del Ejército y de la Fuerza Aérea de Estados
Unidos soportó esta terrible marcha y dejó escritas sus experiencias en
su biografía *Survivor*:

Cuando llegó la orden desde el cuartel general de que supuestamen-
te tendríamos que rendirnos, simplemente no lo podíamos creer.
Pero cuando vimos esos tanques japoneses acercándose por el terreno,
no contábamos con munición de artillería para dispararles con nuestros semiorugas. Se nos indicó que abriéramos la recámara de nuestros
fusiles, le atáramos un trapo y lo levantáramos, para que el enemigo
pudiera verla. Dejamos la munición de nuestras armas menores y
todo lo demás. Conservé mi cantimplora, mi armónica y mi imper-
meable; eso fue todo. Cuando nos dijeron que resignáramos nuestros
fusiles, tomé mi Springfield y lo lancé contra una roca enorme. Me
dije: «Oh, Dios, ésta será la última vez que respire», ya que había
torcido la maldita cosa. Pero la pesadilla no había hecho nada más

que empezar. Durante la marcha hacia el campo de prisioneros te-
níamos que caminar rápido la mayor parte del tiempo. Y si estábamos heridos y no podíamos caminar con velocidad, nos golpeaban
severamente. Yo estuve aproximadamente dos días y medio en la
marcha de la muerte. Nos obligaban a marchar durante muchísimas
horas sin comida ni bebida. Y la excusa que tenían era que nos que-
rían alejar del peligro. Esa era la excusa que argumentaban para la
marcha de la muerte. Era un panorama horrible. Cada vez que alza-
bas la vista, alguien se estaba desangrando hasta morir.

Y no se podía hacer nada por ellos. No podías detenerte. Yo tuve
malaria, también, durante la marcha. No podías escaparte de la
marcha de la muerte porque a la izquierda estaban los japoneses, y,
a la derecha, el océano. Simplemente tenías que continuar.

Sabía que debía contar con un plan que me mantuviera concentrado. Mi plan era llegar al destino y esperar a que nuestras tropas
nos liberaran. Regresaría a Estados Unidos para ver a mis padres
nuevamente, conseguir el rango que me habían prometido, conocer a
mi esposa, Evangeline, y tener cuatro hijos, dos niños y dos niñas. Y
eso es exactamente lo que ocurrió: dos niños y dos niñas. Y mi esposa resultó ser exactamente como me la imaginaba, un ángel. Ella me
ayudó muchísimo a superar los recuerdos desagradables de vida y de
muerte en los campos japoneses de prisioneros.[3]

Y es que la marcha hacia los campos de prisioneros estuvo salpicada de
desagradables y tristes historias. Pocas horas después de la rendición,
cerca de 450 oficiales filipinos fueron ejecutados de forma sumaria. Más
tarde, tras emprender la larga marcha, los prisioneros no recibieron ningún tipo de alimento durante tres días y tan solo se les permitió beber
agua de los charcos que encontraban por el camino. Durante el recorrido, los soldados japoneses golpeaban duramente a los prisioneros reza-
gados o que prácticamente no podían caminar debido al sobreesfuerzo
de la marcha. Una vez en el campo de prisioneros, muchos fallecieron
por la propagación de enfermedades a causa de las pésimas condiciones
higiénicas del lugar. Se estima que entre 7.000 y 10.000 hombres perdie-

3. *Survivor*, Frank N. Lovato, Del Oro Press, Madrid, 2008.

ron la vida debido a los malos tratos, la desnutrición, la insolación y las enfermedades desde la rendición de las tropas hasta su llegada a los respectivos campos de prisioneros.

Rescate en Cabanatuan

Considerado como el campo de prisioneros más grande de Filipinas, Cabanatuan contaba con más de 10.000 hectáreas y en su máximo apogeo llegó a albergar a 8.000 prisioneros de guerra. Situado en la isla de Luzón, tuvo varios intentos de fuga pero siempre fueron abortados y quienes lo intentaron pagaron su atrevimiento con la vida. En unas condiciones realmente duras, los prisioneros tenían la esperanza de que tarde o temprano el conflicto finalizaría y serían liberados. Pero el 1 de agosto de 1944, con las fuerzas estadounidenses estrechando cada vez más el cerco sobre Japón y su Ejército Imperial, el primer ministro de Japón, Hideki Tojo, emitió un comunicado refiriéndose a los prisioneros de guerra en el que decía: «el objetivo es no permitir que escape ni uno solo, aniquilarlos a todos sin dejar rastro». Dos meses después, cerca de 1.600 soldados fueron evacuados de Cabanatuan quedando únicamente en el campo unos 500 prisioneros de guerra enfermos, débiles o con alguna discapacidad.

El 26 de enero de 1945 cuando el teniente coronel Henry Mucci recibió la orden del general Walter Kreuger y del coronel Horton White de rescatar a los prisioneros del campo de Cabanatuan. Mucci había sobrevivido al ataque de Pearl Harbor y comandaba el 6.º Batallón Ranger del Ejército de Estados Unidos, única unidad de los Rangers en el Pacífico. El plan era complicado y solo disponía de cinco días para ejecutarlo ya que se temía que la proximidad de las tropas americanas acelerara la ejecución de los prisioneros, tal como había sucedido en el campo de Palawan. La misión consistía en infiltrar a 120 hombres del batallón en las líneas enemigas, cruzar los 50 kilómetros que le separaban del campo de Cabanatuan y rescatar a los prisioneros sorteando a los numerosísimos soldados japoneses apostados en la zona. Apoyados por unos 250 guerrilleros filipinos comandados por Eduardo Joson y Juan Pajota que guiaron a los Rangers a través de la selva, el rescate final fue encomendado al capitán Robert W. Prince al mando de la Compañía C del 6.º Batallón Ranger, reforzada por el 2.º Pelotón de la Compañía F, dirigido por el teniente John F. Murphy.

Hasta el momento, aquellos Rangers habían realizado misiones de comando en varias islas del Golfo de Leyte y estaban lo suficientemente preparados para realizar con éxito el asalto. Para la misión contaban con fusiles semiautomáticos M1 Garand, pistolas Browning GP-35 de 9 mm, fusiles Thompson y pistolas de calibre 45.

Guarnecido por unos 200 soldados japoneses, el campo de prisioneros de Cabanatuan se encontraba a tan solo dos kilómetros de una división entera japonesa, apostada en las inmediaciones del puente de Cabu. A las 17 horas del 30 de enero de 1945, el capitán Prince ordenó al grupo de Rangers infiltrados tomar posiciones alrededor del campo de prisioneros, mientras que los guerrilleros filipinos tendían una emboscada en el puente de Cabu como maniobra de distracción para evitar que las tropas japonesas acudieran en ayuda de la guarnición del campo.

Una hora después, un caza P-61 Black Widow a los mandos de capitán Kenneth Schrieber y del teniente Bonnie B. Rucks sobrevoló el campo de prisioneros. Unos 40 minutos antes del ataque del comando, Schrieber cortó la alimentación al motor izquierdo del caza de combate a unos 1.500 pies de altura sobre el campo de Cabanatuan. Tras crear un fuego controlado en el aparato para fingir que realmente tenía problemas en el motor, hizo que el P-61 perdiese altura hasta situarse a tan solo 200 pies. Schrieber dirigió el caza hacia unas colinas bajas descendiendo aún más, hasta los 30 pies de altura. Estas maniobras captaron la atención de los japoneses apostados en el campo de prisioneros que se mantenían alerta esperando que la aeronave se estrellase de un momento a otro.

En tierra, el comando de rescate se dividió en dos grupos. El 2.º Pelotón de la Compañía F, dirigido por el teniente John F. Murphy, se encargó de la parte trasera del campo, mientras que los hombres de Prince atacaron la entrada principal. A las 19:40 h y cuando ya había oscurecido por completo, Murphy efectuó un primer disparo para señalar el inicio del ataque. El asalto fue expeditivo y tras un intenso fuego cruzado que apenas duró media hora, los Rangers se hicieron con el control absoluto del campo, liberando a un total de 522 soldados, la mayoría de ellos estadounidenses. Durante la operación, el comando sufrió una única baja, el Ranger Roy Sweezy que falleció durante el tiroteo. Tras el asalto, los hombres de Pajota cubrieron la evacuación de los prisioneros y proporcionaron todo el apoyo necesario hasta que pudieron cruzar al bando controlado por tropas norteamericanas.

Por sus acciones en Cabanatuan, el general Douglas MacArthur otorgó personalmente a Henry Mucci la Cruz por Servicio Distinguido, segunda máxima condecoración del Ejército de Estados Unidos.

En cuanto a las consecuencias de la Marcha de la Muerte de Batán, en septiembre de 1945, el teniente general Masaharu Homma, principal responsable de la invasión japonesa de Filipinas, fue arrestado por tropas aliadas y enjuiciado por crímenes de guerra. Durante la vista le fueron atribuidos hasta 43 cargos diferentes de crímenes contra la humanidad y se concluyó que el militar nipón había permitido que sus tropas cometieran «atrocidades brutales y otros crímenes serios». En su defensa, declaró ignorar el alto número de muertos de la marcha hasta dos meses después del suceso. El 26 de febrero de 1946 fue sentenciado a muerte por fusilamiento y ejecutado el 3 de abril de 1946 a las afueras de Manila.

15

Comandos italianos

Raid de Alejandría: los antecedentes

La llamada batalla del Mediterráneo enfrentó entre 1940 y 1945 las fuerzas navales de la Armada Real italiana (Regia Marina) y la Armada Real británica (Royal Navy). Durante el largo conflicto, ambas fuerzas tenían tres objetivos básicos: atacar las líneas de suministros del enemigo, mantener las propias rutas de suministros abiertas para proveer a sus ejércitos en África del Norte y mermar la fuerza naval del adversario. Una de los principales puntos de conflicto se situaba al norte del continente africano adonde el Duce mandó en 1940 una fuerza de 200.000 soldados comandadas por el mariscal Rodolfo Graziani para hacerse con el control de Egipto y los pozos petrolíferos del Medio Oriente.

La campaña no resultó sencilla y los italianos sufrieron una abrumadora derrota en la llamada Operación Compass. A pesar de contar con un ejército menos cuantioso, las tropas británicas de los generales Archibald Wavell y Richard O'Connor provocaron la retirada y posterior captura de casi 130.000 soldados italianos así como la destrucción de 400 tanques y 1.292 piezas de artillería.

Ante la amenaza de que África del Norte cayera en manos de los aliados, Adolph Hitler mandó inmediatamente a la zona tropas alemanas de refuerzo para ayudar a su socio del Eje, Benito Mussolini. Los hombres de la 15 División Panzer, la 5.ª División Ligera y el Afrika Korps lograron poner en jaque a las fuerzas británicas, bajo el mando del brillante estratega Erwin Rommel. El abastecimiento del Ejército alemán desplazado a África del Norte llegaba a bordo de mercantes que cruzaban el mar escoltados en numerosas ocasiones por los buques de superficie italianos, así como por los U-Boot alemanes.

Por su parte, las líneas británicas de suministro partían de las costas inglesas con rumbo sur hacia el Atlántico para después cruzar hacia el Mediterráneo por el estrecho de Gibraltar. Para evitar ataques alemanes, los ingleses contaban con la llamada Fuerza H, con base en Gibraltar que, comandada por el almirante Sommerville, escoltaba a los convoyes mercantes durante la peligrosa travesía. Asimismo, la fuerza naval británica disponía de tres grandes acorazados con base en Alejandría (*Queen Elizabeth, Valiant* y *Barham*) que patrullaban las aguas del Mediterráneo con la intención de bloquear el paso de las naves abastecedoras.

En una de estas operaciones fue cuando el 25 de noviembre de 1941, el *HMS Barham* fue alcanzado por tres torpedos lanzados desde el U-331 del capitán Hans Dietrich von Tiesenhausen al norte de Sidi Barrani. El impacto y posterior escorado de la nave hizo que estallara el polvorín del acorazado provocando su hundimiento y la muerte de un total de 862 tripulantes. Tras el terrible incidente, el almirante Andrew B. Cunningham, jefe de la flota británica del Mediterráneo temió que sucediera lo mismo con el resto de acorazados.

Por aquel entonces, la fuerza naval inglesa era más bien exigua y desde el Almirantazgo se tomó la decisión de proteger los únicos acorazados que la Royal Navy tenía en todo el Mediterráneo. Así pues, se ordenó que tanto el *Queen Elizabeth* como el *Valiant* fondearan hasta nuevo aviso en la base de Alejandría. Para proteger el principal puerto de la flota inglesa en el Mediterráneo, se colocaron minas esféricas a lo largo de varias millas alrededor del fondeadero, así como redes antitorpedos, varias torretas de observación y baterías antiaéreas.

Un ingenioso torpedo

Las fuerzas del Eje sabían que conseguir el control absoluto del Mediterráneo oriental era clave para emprender la conquista definitiva de África del Norte. Con los dos únicos acorazados de la Navy británica varados en el puerto de Alejandría, los italianos empezaron a contemplar la posibilidad de asestar un duro golpe a los ingleses en su propia guarida del Mediterráneo. Se decidió que la unidad de comando ideal

Junio Valerio Borghese estaba al mando de una poderosa fuerza de asalto que
realizaba ataques relámpago por todo el Mediterráneo.

para aquella arriesgadísima incursión era la llamada Décima Flotilla
de Vehículos de Asalto o MAS. Creada en 1939 durante el régimen de
Benito Mussolini, formaba parte del conjunto de poderosos y efectivos
medios de asalto de la Regia Marina. Bajo el mando general del comandante Junio Valerio Borghese, su principal cometido consistía en
realizar ataques relámpago en el Mediterráneo a bordo de lanchas torpederas, así como sabotear las bases y puertos de la fuerza naval aliada.
Esta unidad de operaciones especiales ya había dado excelentes resultados durante la Gran Guerra con el hundimiento de los acorazados
Viribus Unitis y *Szent* Istvan pertenecientes a la Armada austrohúngara. Durante la Segunda Guerra Mundial también había cosechado exitosas operaciones como el hundimiento del acorazado británico *HMS
York* en la Bahía de Suda (Creta), así como varios cargueros en el estrecho de Gibraltar.

Partidario acérrimo del fascismo italiano, Junio Valerio Borghese
tenía un brillante expediente militar. Ingresó en la academia naval de
Liorna en 1922 y fue destinado a la Guerra Civil española como comandante del submarino *Iride* para efectuar operaciones de intercepción de
los buques de suministros republicanos. Al estallar la Segunda Guerra
Mundial, fue puesto al mando del *Scire*, submarino con base en La

Spezia que sería el encargado de transportar el último ingenio de la Regia Marina: un torpedo humano.

Años atrás, concretamente en 1935, dos tenientes ingenieros de la base para submarinos de La Spezia, Teseo Tesei y Elios Toschi, habían concebido una nueva arma secreta de ataque subacuático inspirándose en el primitivo torpedo humano de Raffaele Paolucci y Raffaele Rossetti conocido como Mignatta (sanguijuela, en italiano) con el que entraron en la base de la Armada austrohúngara de Pola (Istria), donde hundieron al acorazado Viribus Unitis y al carguero Wien con minas lapa. Su idea era crear un arma que pudiese tener la ventaja de permitir a dos hombres, un piloto y un ayudante, dirigirse sigilosamente hacia un objetivo y atacarlo estando bajo el agua (en el Mignatta los pilotos mantenían medio cuerpo en la superficie). Así fue como nació el Siluro a Lenta Corsa o SLC. Coloquialmente conocido como Maiale, consistía en un torpedo submarino con capacidad para dos personas (piloto y operador) y propulsado con un motor eléctrico silencioso. Con casi siete metros de eslora, tenía una autonomía máxima de 32 kilómetros y podía sumergirse hasta los 30 metros de profundidad. El origen de su curioso sobrenombre (*maiale* significa cerdo en italiano) se produjo cuando durante un ensayo, uno de los tripulantes del SLC se fue al fondo con el torpedo y al salir a la superficie se refirió a él de esta despectiva forma. La parte anterior del torpedo podía desmontarse y contenía una cabeza

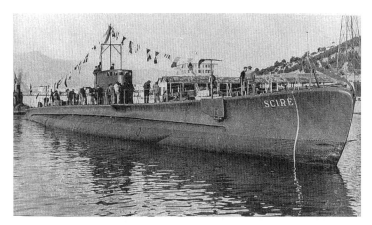

El *Scire* era un submarino con base en La Spezia que sería el encargado de transportar el último ingenio de la Regia Marina: un torpedo humano.

explosiva de tritolita con temporizador, compuesta por un 60% de RDX, un 30% de TNT y un 20% de aluminio. El tablero de instrumentos estaba compuesto por una brújula magnética, un reloj, un voltímetro para el control de la tensión, 2 amperímetros y un nivel de burbuja para el control de la estabilización longitudinal.

A bordo del torpedo, los hombres del comando llevaban un traje de buzo y un dispositivo respirador que les permitía permanecer bajo el agua durante un máximo de 6 horas.

El torpedo estaba diseñado para ser transportado por otra embarcación, usualmente en la cubierta de un submarino nodriza y en el interior de unos contenedores cilíndricos para ser liberado en las inmediaciones del objetivo.

De la Penne y su comando de hombres rana

Para poner a prueba la efectividad del ingenioso torpedo humano se fijó como objetivo la destrucción de los dos acorazados de la Navy británica varados en el puerto de Alejandría. Borghese confió la operación al teniente Luigi Durand de la Penne y al cabo Emilio Bianchi para el ataque contra el *HMS Valiant*, mientras que del destructor *Queen Elizabeth* se encargarían el capitán Antonio Marceglia y el buzo Spartaco Schergat. Finalmente, el capitán Vincenzo Martelotta y el cabo buceador Mario Marino atacarían el portaaviones *HMS Eagle*. El comando inició un largo período de adiestramiento recreando las condiciones que se iban a encontrar en el puerto de Alejandría valiéndose de los datos suministrados por las cartas marinas y las fotografías obtenidas por los aviones de observación.

Finalmente, el 14 de diciembre de 1941, el submarino *Scire* partió de Leros con el comando y los torpedos a bordo. Las condiciones climatológicas eran pésimas y la fuerte marejada provocó que la misión se retrasara un día. Tras una travesía de cuatro días, la noche del 18, el *Scire* alcanzó la posición señalada para desembarcar los SLC a unas dos millas del faro de Ras-el-Tin. Tras una rápida maniobra, los torpedos humanos fueron depositados en mar abierto y Penne encabezó el grupo bordeando sigilosamente el dique y el rompeolas, hasta la boca del puerto, la cual se encontraba fuertemente protegida por barreras antisumergibles. Los hombres de Penne se sumergieron buscando una posible grieta por donde infiltrarse pero las mallas eran muy tupidas y colgaban cargadas de explosivos.

Hacia las 23:30, el faro de la entrada del puerto se iluminó para dar paso a un mercante y tres destructores. Los torpedos aprovecharon la ocasión para colocarse detrás de las naves y penetrar en el puerto sin ser vistos. Una vez dentro, los torpedos se separaron. De la Penne y Bianchi se sumergieron a 5 metros de profundidad para dirigirse hacia el puesto de amarre del *Valiant*. Al llegar junto a la parte media del casco del destructor, Penne se percató que su compañero había desaparecido. Aquel preocupante percance hizo que descuidara momentáneamente el control del SLC que repentinamente quedó bloqueado en el fondo, junto al casco del *Valiant*. Un cable de acero se había enredado en la hélice del torpedo inmovilizando por completo y abortando cualquier posibilidad de regresar si no era a nado. A solas, Penne consiguió tras casi una hora de titánico esfuerzo colocar la carga en el centro del casco y regular la espoleta para que explotara hacia las 6 de la mañana.

Tras abandonar todo su equipo y emerger a la superficie, Penne intentó infructuosamente escabullirse y finalmente fue apresado junto a su compañero desaparecido, al que le había fallado el sistema de respiración viéndose obligado a abandonar el torpedo para no morir asfixiado. Ambos hombres fueron trasladados al interior del Valiant donde fueron interrogados durante varias horas.

Mientras, Marceglia y Schergat habían conseguido situar su torpedo justo debajo del Queen Elizabeth. Según habían aprendido en la larga instrucción recibida, se sumergieron por debajo de la red metálica que protegía el acorazado y a las 3 de la mañana colocaron dos sujeciones a ambos lados del casco y fijaron la cabeza explosiva de 300 kg en el centro del cable de sujeción, a un metro del casco, programando su explosión para las 6 de a mañana. Tras ello, emergieron con cuidado a la superficie y se alejaron de la zona. Cerca de la orilla abandonaron el torpedo provisto de un mecanismo autodestructor, salieron a tierra, ocultaron sus equipos de buceo y abandonaron el recinto del puerto hacia la ciudad.

Mientras, los planes del tercer grupo formado por Martelotta y Marino habían sufrido un cambio. Su objetivo, el portaaviones *Eagle*, hacía 24 horas que había abandonado el puerto de Alejandría rumbo a Extremo Oriente. Como alternativa, el comando italiano decidió colocar sus cargas explosivas en el casco del petrolero *Sagona*. Tras alejarse de la

Conocido como «Maiale», este ingenio consistía en un torpedo submarino
con capacidad para dos personas.

zona e intentar adentrarse en la ciudad, ambos fueron interceptados por
centinelas británicos.

Faltaban apenas 20 minutos para que estallaran las cargas cuando
en pleno interrogatorio, Penne solicitó hablar con el comandante del Valiant, Charles Morgan. En un alarde de honor militar, el jefe de la operación italiana manifestó que ya nada podía hacerse por evitar el hundimiento de los acorazados pero que todavía estaban a tiempo de salvar
muchas vidas desalojando las naves. El comandante no estaba dispuesto
a tirar la toalla y ordenó que Penne fuese trasladado al acorazado con la
intención de obligarle a confesar donde estaba situada la carga explosiva. Penne mantuvo siguió manteniendo silencio y tal como había previsto, a las 6 en punto explotó la carga del torpedo. Justo en el punto donde
se hallaba Penne, la detonación hizo que se desprendiese una buena parte del casco lanzando al italiano fuera de la nave. En cuestión de segundos, el acorazado comenzó a hundirse mientras el petrolero *Sagona* corría idéntica suerte tras estallar las cargas colocadas por Martelotta y
Marino. Al encontrarse cerca del buque, el estallido del petrolero también provocó serios daños en el destructor *Jervis*.

El último en estallar fue el *Queen Elizabeth*. Las cargas explotaron
bajo la sala de máquinas B y abrieron una brecha de casi 60 metros de
longitud por 6 metros de anchura en el doble casco. Tres salas de calde-

ras quedaron inundadas en cuestión de minutos y el acorazado se hundió, aunque la cubierta principal y la superestructura quedaron por encima de la línea de flotación. Sólo 9 tripulantes perecieron en el hundimiento del acorazado.

El éxito de la operación desarboló temporalmente a la Navy británica neutralizando sus operaciones en el Mediterráneo. De Penne fue enviado a El Cairo y de allí a Palestina, desde donde logró escapar a Siria. Allí fue nuevamente capturado y le embarcaron hacia la India donde volvió a fugarse aunque una vez más fue capturado. Tras el armisticio con Italia en 1943, Penne fue finalmente puesto en libertad y se incorporó a un nuevo grupo de combate italiano que, de forma paradójica, sirvió a los aliados durante una operación en La Spezia. Ocurrió el 22 de junio de 1944 cuando el comando de Penne formado por un reducido grupo de hombres rana hundió los cruceros *Gorizia* y *Bolzano* que, aunque ya inactivos, los alemanes pretendían utilizar para bloquear la bahía. En 1945, Penne recibió la Medalla de Oro al Valor Militar, curiosamente impuesta por el propio Vicealmirante Charles Morgan, comandante de la Flota del Mediterráneo, y ex comandante del *Valiant*.

Índice

Historias sobre los infames protagonistas del Holocausto

Este libro narra diferentes historias de personajes siniestros del Tercer Reich que fueron los artífices de la más cruel y despiadada operación de exterminio del siglo XX. Nombres como Himmler, Eichmann o Barbie pasaron de ser crueles ejecutores a ser presa de caza de aquellos que se dedicaron a buscar, identificar y perseguir nazis fugitivos.

Dossiers ocultos del nazismo

He aquí un conjunto de relatos que diseccionan —con la agudeza y profundidad de un afilado bisturí— diferentes episodios sucedidos durante la segunda guerra mundial y que tienen como telón de fondo el régimen nazi instaurado en Alemania.

Soldados determinantes por tierra, mar y aire

Las historias que aparecen en este libro están aderezadas casi todas ellas con los símbolos del valor y grandeza, no en vano son relatos de soldados, hazañas bélicas particularmente llamativas de las muchas que acontecieron en los principales frentes de este conflicto. Son testimonios que hablan de la lucha por la supervivencia en el contexto de la Segunda Guerra Mundial.

Historias de comandos, campos de concentración, de la resistencia y de servicios secretos

Maquis, espías y héroes es la historia de una serie de hombres que, como guerrilleros, en las fuerzas de liberación aliadas o bien enrolados en la División Azul, combatieron en batallas tan importantes como Normandía, El Alamein, Montecasino, Las Ardenas o Stalingrado.